古典学译丛

阮 炜 ◎ 主编

# 雅典的民主、僭政与帝国主义

阮 炜 ◎ 编
何世健 王 蕾 ◎ 译

华东师范大学出版社
·上海·

华东师范大学出版社六点分社　策划

# 总　　序

　　我国接触西方古典文明,始于明末清初。耶稣会士来华传教,为了吸引儒生士大夫入基督教,也向他们推销一些希腊罗马学问。但这种学问像"天学"一样,也并没有真正打动中国的读书人。他们中大多数人并不觉得"泰西之学"比中土之学高明。及至清末,中国读书人才开始认真看待"西学",这当然包括有关希腊罗马的学问。及至新文化运动时期,中国人才如饥似渴地学习西方的一切,激情澎湃地引进一切西方思想。正是在这一过程中,我们对希腊罗马文明才有了初步的认识。

　　回头看去,在相当长一段时间里,我们对西方古典学的引进是热情有余,思考不足,而且主要集中在希腊神话和文学(以周作人为代表),后来虽扩展到哲学,再后来又扩大到希腊罗马历史,但对古代西方宗教、政治、社会、经济、艺术、体育、战争等方方面面的关注却滞后,对作为整体的古代西方文明的认知同样滞后。在抗日战争和解放战争期间,我们对希腊罗马文明的认知几乎完全陷于停滞。但从50年代起,商务印书馆按统一制订的选题计划,推出了"汉译世界学术名著丛书",其中便有希罗多德的《历史》(王以铸译,1958年、1978年)和修昔底德的《伯罗奔尼撒战争史》(上下卷,谢德风译,1960年、1977年)。1990年代以来,该丛书继续推出西方古典学名著。与此同时,中国人民大学出版社出版了《亚里士多德全集》(10卷本,苗力田主编,1990—1997年),人民出版社出版了《柏拉图全集》(4卷本,王晓朝译,2002—2003年)。至此,我们对古代西方的认识似乎进入了快车道。但很显然,这离形成中国视角的古典学仍十分遥远。

近年来,华夏出版社和华东师范大学出版社又推出了"西方传统:经典与解释",其中有不少首次进入汉语世界的希腊原典,如色诺芬《远征记》、《斯巴达政制》等。这套丛书很有规模,很有影响,但也有一特点:有意识地使用带注疏的源语文本,重点翻译有"解经学"特色的古典学著作。在特殊的国情下,这种翻译介绍工作自然有其价值,但是对于包括古希腊罗马(以及埃及、西亚、拜占廷)宗教、神话、哲学、历史、文学、艺术、教育等方面的研究在内的主流古典学来说,毕竟只是一小部分。一两百年来,古典学在西方已然演变为一个庞大的学科领域,西方的大学只要稍稍像样一点,便一定有一个古典学系,但是有"解经学"特色的古典学仅仅只是其一个分支。

因市场追捧,其他出版社也翻译出版了一些古典学著作,但总的说来,这种引进多停留在近乎通俗读物的层次,并不系统、深入,对西方各国近三四十年来较有影响的古典学成果的引介更是十分有限。与此同时,进入新世纪后,中华大地每天都发生着令人目眩的变化,而这种变化最终必将导致全球权力格局发生深刻变化。事实上,在国际经济和政治事务上,中国已经是一个大玩家。据一些机构预测,以购买力平价计算,中国经济总量在2020年以前便将超越美国,成为世界第一大经济体。这一不可逃避的态势必将到来,可是中国学术是否也会有相应的建树呢?必须承认,三十几年来中国经济建设日新月异,天翻地覆,但学术建设却未能取得相应的进步,而未来中国不仅应是头号经济强国,也应该是一个学术强国。因此,一如晚清和五四时代那样,融汇古今中外的学术成果,开启一种中国视角的西方古典学研究,一种中国视角的古代西方研究,仍是摆在人文学者面前的一个大课题。

要对古代西方作深入的研究,就有必要把西方古典学的最新成果介绍到中文世界来。可是学界目前所做的工作还远远不够。因学术积累有限,更因市场经济和学术体制官僚化条件下的人心浮躁,如今潜心做学问的人太少,这就是为什么我们对希腊罗马文明的认识仍缺乏深度和广度,久久停留在肤浅的介绍层次。虽然近年来我们对西方古典学表现出不小的兴趣,但仍然远未摆脱只知其一不知其二、浅尝辄止、不能深入的状态。甚至一些学术明星对希腊罗马了解也很不准确,会犯下一些不可原谅的常识性错误。

西方古典学界每年都有大量研究成果问世,而且有日益细化的趋势——如某时期某地区妇女的服饰;如西元前4世纪中叶以降的雇佣兵情况;再如练身馆、情公——情伴(lover-the loved)结对关系对教育的影响等。相比之下,我国学界对希腊罗马文明虽有不小的兴趣,但对文明细节的认知仍处在初级阶段。基于为蠹考虑,拟推出"古典学译丛",系统引入西方古典学成果,尤其是近二三十年来较有影响的成果。本译丛将包括以下方面的内容:希腊文明的东方渊源、希腊罗马政治、经济、法律、宗教、哲学(十几年来我国对希腊罗马哲学的译介可谓不遗余力,成果丰硕,故宜选择专题性较强的新近研究成果和明显被忽略的古代著作)、习俗、体育、教育、雄辩术、城市、艺术、建筑、战争,以及妇女、儿童、医学和"蛮族"等。

只有系统地引入西方古典学成果,尤其是新近出版的有较大影响的成果,才有可能带着问题意识去消化这些成果。只有在带着问题意识去消化西方成果的过程中,才有可能开启一种真正中国视角的西方古代研究。

阮 炜

2013年6月29日

# 目 录

译序 /1

第一篇　民主制的序幕 /1

第二篇　民主制：克里斯提尼的改革 /16

第三篇　民主制：后期的改革 /44

第四篇　公元前5世纪民主制的传播 /52

第五篇　终极民主制的发展 /74

第六篇　公元前4世纪的民主制 /96

第七篇　公元前508—前507年的雅典革命：暴力、权威和民主制的起源 /125

第八篇　公共演讲与民主权力 /152

第九篇　神话的创造 /163

第十篇　雅典帝国和其他帝国一样吗？ /179

# 译　序

　　本书选编了五位古希腊政治历史研究学者的十篇论述,他们分别是约翰·索莱(John Thorley)、詹姆斯·奥尼尔(James O'Neil)、约西亚·奥伯(Josiah Ober),阿琳·W·萨克森豪斯(Arlene W. Saxonhouse)及克里斯朵夫·贝巴特(Christophe Pébarthe),他们各自从不同视角对古代雅典城邦民主、僭主制以及帝国属性进行了叙事和论述。本书的外文材料遴选由主编阮炜教授完成,作为一部编译集,本书力图比较完整而概略地阐释古希腊民主制的产生、变体、发展轨迹及运作方式等问题。从整体上看,本书的章节是按若干个政治学术语概念来组合排序的,这些概念分别是民主制(democracy)、寡头制(oligarchy)、僭主制(tyranny),盟主权或霸权(hegemony)及帝国(empire)。搜罗编译的研究文献时间跨度主要集中于公元前5世纪,论题涵盖早期的民主制形成与传播,民主制与寡头制的对立、较量与交替,以及雅典民主制城邦如何产生盟主权或霸权,甚至帝国雏形这样的问题。从字面上看,民主制指多数人统治,寡头制指少数人统治,僭主制实为统治权被个人篡夺,即个人非法或未经多数人同意而获取的统治权,这种统治权往往需要通过暴力来获取并维持,所以这类统治者在现实中经常需要实施压迫性的暴力统治,故而"僭主(tyrant)"一词又有"暴君"的含义,其汉语的两种译法已反映了这一逻辑关系。

　　从时间上看,古希腊的民主制并非一蹴而就,而是在寡头制、僭主制之间摇摆反复发展起来的,复辟和反复辟的较量一直没有消停,最后才走向所谓终极民主制阶段。从空间上看,民主制在古希腊各城邦的分布以及实践程度也各有特色和程度差异。现代人看到"民主制"一词时,往往反应不一,特别是对终极民主制所导致的某些负面事件(如针对阿吉纽海战十将军的审判)的评价,往往令民主怀疑论者深以为戒,并以此作为反驳民主理想主义者的重要论据。另一方面,西方人也很自然地会将西方现代民主追根溯源至古希腊城邦民主制,特别是雅典的民主制。在资产阶级革命和针对所谓东方专制主义的意识形态对垒中,如对类似土耳其奥斯曼帝国和前苏联集团的意识形态与价值观挑战中,雅典民主制似乎成为历史理想主义梦想中的辉煌起点。然而,在西方殖民帝国扩张的时代,又有古典学者对雅典民主制城邦的帝国化努力赞赏有加。古典学研究对民主制也褒贬不一,实则各有所需,容易使当代普通读者产生雾里看花的感觉。其实,最大的症结在于这样一个事实,古希腊民主制的运作环境跟西方资产阶级革命高举民主大旗时的社会条件有重大的区别。古希腊社会尚未出现所谓资本和资本主义的运作机制,雅典民主的多数人统治实际上是占绝大多数的中产阶层和中下阶层对少数富人的政治制衡,旨在阻止富人将其财富作为资源去获取更多的政治影响,进而在事实上实现富人对权力的操控。古希腊的经济生活并未出现近现代的资本运作模式,也不存在具有超级渗透性和扩张性的资本,那么,占人口多数的中等阶层和穷人所实施的统治不仅在理论上,而且在现实中,都可以阻止少数富人财富影响力的扩张,这种民主制出现了愈演愈烈的趋势,即所谓终极民主制,以至于在某些时期形成这样一种政坛风气,富人争相低调做人,以讨好公众为荣,这不免令人想起现当代北欧和西欧社会民主派主导时期的政治生态。然而,与任何体制一样,一旦其制约与平衡的力量处于下风,该体制便会不可避免地朝激进化方向发展,这就是所谓的终极民主制,其特点是不仅有多数人的统治,而且这种多数人还不太受相对稳定的法律制度的限制。在某些极端情况下,多数人的统治会因少数人蛊惑煽动而出现群体性躁动,这种躁动是非理性的,具有极高的不确定性风险,容易让人们抛开历史检验过的既有法律制度,比如就重大议题临时表决,心血来潮,得出难以预料的结果。这种古希腊终极民主制的严重后果,有没有可能在今天出现?答案是完全可能。2016年英国全民公投脱欧以及随后出现的尴尬局面,与雅典的终极民主制后果真有似曾相识的感觉。

  本书还涉及的一个问题是对雅典城邦的帝国属性和关于现代人的帝国主义概论的讨论。首先,雅典城邦算不算一个严格意义上的帝国?如波斯帝国、马其顿帝国、罗马帝国那样,具有高度统一有效的中央集权,追求疆域扩张,统治众多的被征服民族。显然,雅典城邦并未达到以上标准。雅典城邦的权力扩张主要表现在希波战争中对抗波斯帝国入侵的提洛同盟盟主权的越界与滥用。那么这算是霸权还是帝国主义呢?"帝国主义(imperialism)"一词显然属于当代史学和政治学的术语体系。从统治疆域扩张冲动的角度来看,西西里远征的失败,是所谓雅典帝国走向衰落的重要转折点。该事件反映了其民主制本身具有主权结构的内部牵制,同时也是民主制本身向帝国发展的障碍,而此时的雅典城邦内部,正好摇摆于民主制和寡头制之间。本书的编译立意恰好是要把民主制、僭主制、寡头制、帝国及帝国主义等概念串到一个逻辑思路的框架里去思考。

全书除第十篇由王蕾译自法语文献之外,其余九篇由何世健翻译完成。

何世健<br>
2021 年 6 月

# 第一篇　民主制的序幕

约翰·索莱

## 梭伦之前的雅典

记录下伯罗奔尼撒战争的伟大史家修昔底德(Thuydides)曾信誓旦旦地宣称,特洛伊战争时期,雅典国王提修斯(Theseus)就已经把雅典和阿提卡(Attica)统一为一个城邦。该过程传统上叫做"统一运动(sunoikismos)",修昔底德对此有详细描述(Thucydides 2.14.1—2.15,2.16.1)。许多现代历史学家都质疑过修昔底德对统一运动的说法,他们争辩说,即便阿提卡在迈锡尼时代统一过,但很可能在迈锡尼世界崩溃后仍需再度统一。西部的厄琉西斯(Eleusis)和东海岸的马拉松(Marathon)在迈锡尼时代之后都加入了阿提卡,这似乎有一定证据,然而,这并不意味着阿提卡曾经分裂得七零八落而需重构一个统一的城邦。真相可能是这样的,迈锡尼时代之后,阿提卡大体保持统一,而只是一些极边缘地区可能在公元前8世纪的时候需要重新融入。如果统一运动来得更晚,那么人们肯定会指望修昔底德呈现一个更加清晰的历史传统,而他肯定注意到了这一点。

修昔底德描述统一运动时,刻意提醒我们随时牢记阿提卡的人口状况：

> 雅典人长期以来都生活在遍布阿提卡的独立村社中，即便与阿提卡统一之后，从更早的古代居民到征战不停的当时，他们的共同经历都是出生于乡村并成长于乡村。
> 
> ——Thucydides 2.16.1

由于根本无统计数据，所以更谈不上精确，然而，雅典城本身（不包括比雷埃夫斯，它与雅典城之间大约有3英里都是开阔的乡间）似乎很可能只容纳了不超过雅典城邦总人口的五分之一，或许全部就5万人。多数雅典人以土地或与农产品相关的行当为生。虽然我们可以追溯大致的轮廓，但是梭伦时代以前的阿提卡究竟是如何管理的，仍然很不清楚。雅典传统指的是君主统治时期以及随后的豪门贵族统治时期，贵族统治通过战神山议事会（the Council of the Areopagos，议事会在雅典卫城西侧约300米外的战神山上召开）来施行，行使权力者一般称为"执政官"（即"统治者"）。很难说清这一过程的具体年代，但似乎很可能在大约公元前700年的时候就已经不再有国王了，战神山议事会（由有权势的贵族家族从其成员中任命）执掌权力。

在取消君主制的初期，显然存在3名执政官，负责宗教与城邦祭祀的王者执政官、负责战争的军事执政官，以及单纯被称为执政官的执政官，其负有一般行政职责，很可能比前两个职位出现稍晚，但其权力最大，而且任期（后来限制为一年）以其名字命名（因此他又经常被称为名年执政官）。后来又增设了6名执政官负责城邦的法律，称为"司法执政官"，详情已无从考证。到后来增设这些职位时，执政官任期已经从10年缩减至1年，而退休的执政官进入战神山议事会似乎已成为一种惯例。这些人无疑是城邦的主要官员，辅佐他们的是一群负责财务的小官吏，但即便有这个环节,似乎也没有很正式化。执政官的任命过程我们不得而知,仅知道他们自富贵人家遴选,遴选程序全然由贵族家族操控。

阿提卡人口分属 4 个"爱奥尼亚部落"(相传由希腊人的祖先伊翁[Ion]创建),根据这种古代贵族家族划分,每个公民要么以所属贵族家族的成员身份,要么以其仆从的身份划归一个部落。这些部落是军事组织的基础,也是宗教和财务功能的基础。每个部落分为 3 个"三分部"(其复数形式为 trittyes;单数为 trittys),每个三分部又分为 4 个"大家庭"(naukrariai)(该词来源不明,或许是指"船舶"的单位,也很可能指负责造一只船的"大家庭",而后来又承担了其他多项功能;但是该词可以在大家庭的意义上指"一家人户")在每个部落里有若干氏族(兄弟关系),每个氏族又由其中一个望族领头,这种结构如何跟"三分部"和"大家庭"整合衔接就不清楚了。这些氏族本质上是社会与宗教性质的组合,每个氏族有各自的祭祀中心,供奉其保护神或视为保护神的英雄。氏族还有一个重要的政治角色,因为必须在氏族登记才能证明拥有公民身份;而似乎只有领导氏族的那个望族才能裁定登记成立与否。

公元前 7 世纪似乎还出现过一个公民机构,很可能是由有能力自购重甲步兵装备作战的人所组成,但是该机构如何议事以及就什么问题议事则无从知晓。真正管理城邦的是执政官,战神山议事会对执政官起顾问作用,这一点几乎可以肯定。至于多数是佃农的民众,则都分别归属某个隶属于部落的贵族家族,但是他们在城邦管理中根本无发言权。

然而,公元前 623 年(或许大约是在这一年)的一次事件及后续事件表明,雅典统治阶级内部关系也很紧张。该事件涉及一个叫基伦(Kylon)的雅典贵族,他迎娶了墨伽拉(Megara)僭主特阿根尼(Theagenes)的女儿为妻,墨伽拉在雅典以西大约 30 英里的萨罗尼克湾(Saronic Gulf)。基伦在岳父和雅典朋友的协助下,图谋做雅典的僭主,他和党羽们(包括从墨伽拉带来的一小股武装人员)占领了雅典卫城,不过再无更多突破。没有其他人支持基伦图谋的政变,基伦及其党羽被围困于卫城,基伦显然最终逃脱(虽然说法不一),但是他的支持者投降了。他们得到保证不会被处死,然而,尽管其中有些人在卫城附近的神庙祭坛寻求庇护,执政官依然下令把他们全部诛杀,或者更具体地说,是名年执政官麦加克勒斯(Megakles)下令干的,他是阿尔克米翁尼德(Alkmaionid)家族(该家族之名我们将不会陌生)成员。当时事情似乎已就此了结;一群贵族非常拙劣的政变企图惨遭失败,罪人已受到应有的惩处。但是大约30年后出现了一个有趣的续集剧情。这一次,基伦家族似乎获得了更大的影响力,进而指控阿尔克米翁尼德家族亵渎神灵,因为他们在公元前632年的未遂政变中杀了在神庙里寻求庇护的人。整个阿尔克米翁尼德家族被逐出雅典,甚至其祖先遗骨也被挖出来扔到城邦之外。阿尔克米翁尼德家族显然不受其他贵族待见,这是一个除掉他们的好办法。

  基伦的篡权之谋被有些人视为民众不满的证据,然而,我们掌握的证据并不支持这种看法。不满情绪很可能存在(我们将会发现几年之后肯定出现了这种不满),但即便如此,也只有极少数人认为基伦可以解决问题。

  然而,到了公元前7世纪后期,问题开始变得很明显了。大约公元前621年左右,有一个叫德拉古(Drakon)的人(关于此人,我们仅知道他的名字而已)把雅典法律编成法典。那些严刑峻法对多数罪名都处以死刑,可谓恶名昭彰。说来很奇怪,我们所知唯一具体的德拉古酷法条款(根据公元前5世纪末的一个文本)似乎很仁慈;对于非预谋杀人,其规定的处罚是放逐有罪一方。该条款反映了贵族家族之间暴力的世仇冲突,试图将犯有群殴罪的贵族家族逐出阿提卡,不动用死刑很可能是避免冤冤相报的仇杀。不管德拉古法典的全部细则如何，它似乎是贵族集团对所有人明确的权力表达。

那么，公元前7世纪的雅典已被贵族集团牢牢掌控，这种掌控是通过受战神山议事会支持的执政官实现的。各个贵族家族之间世仇恩怨难解，而阿尔克米翁尼德家族又遭所有其他家族嫉恨。我们看到他们在大约公元前600年被放逐，但不久又重返家园。

有关这一时期社会状况的描述几乎全部来自公元前594年（或者稍晚一点；参见下文）的梭伦立法，但是梭伦试图解决的那些问题必定早已积累了一段时间。最大的问题是土地耕种者面临的问题。许多人被"六一汉"制度（hektemorioi）弄得一贫如洗，这些人作为佃农向地主缴纳六分之一的收成。自耕农欠债而让抵押的土地转移给了富有的债权人，几乎可以肯定，这成了六一汉制度的起源。于是，六一汉同意把土地收成的六分之一缴纳给地主，地里做出分界标识以示土地持有的这种方式。到公元前7世纪末期，许多"六一汉"已折腾到无力向地主缴纳六分之一收成的地步，被迫把家人和自己卖给地主为债奴。到大约公元前600年，危局已到了快爆发的临界点。在过去100年左右的时间里，希腊其他地方的许多城邦已经在非常相似的环境中经历了多场革命。雅典贵族们至少充分意识到革命的可能性，担心某个家族会向破产农民和其他群体提供舒困方案而获得他们的支持。很可能阿尔克米翁尼德家族有此图谋，从而导致该家族在公元前600年左右被驱逐，其借口是基伦事件中渎神指控的旧账。当时的贵族也许这样想，城邦充斥大量愤愤不平的农民和世仇纠缠的贵族，一旦需要的时候，很难招募到一支团结的军队；西边邻居墨伽拉虎视眈眈，此时已占领了离阿提卡海岸仅一英里的萨拉米岛。阿提卡的政局急剧动荡，危机一触即发。贵族们几乎都承认，必须拿出一个解决方案了。

## 梭伦改革

相传梭伦出身贵族,是雅典国王的后裔,但是他所有的财富(据说不是很多)均来自贸易而非土地,这使他跟贵族保持一定的距离。他明智中庸,尤其独立于那些世仇纠缠的地主家族,因而获得了很高的声誉。他还是一个诗人,我们有幸保存了他的一些诗行(超过200行之多),内容多涉及当时的政治,特别是他的改革,这让我们对他的思想有一个难得的洞察机会,更确切地说,仅就他愿意诉诸笔头的部分而言。梭伦对大希腊世界,甚至更广范围的贸易有切身体会,他一定深刻意识到雅典经济是何等落后。

公元前594年,梭伦被任命为执政官,就在当年,或者稍后一点,可能是在公元前5世纪70年代,他得到特别授权,解决城邦的经济与政治难题,战神山议事会也保证他的改革可以实行至少10年。他的任务艰巨也烫手;有一点他很确定,他不可能让每个人都满意。他在两条战线上施展拳脚,首先是实施一系列经济改革,其次是对宪法进行实质性修改。

就一揽子经济方案而言,这些改革是合理的。改革是旨在提高雅典总生产力的深思熟虑的计划,其方法是把农民从债务深渊中解放出来,保证本地农产品的合理供给,刺激贸易发展,特别是刺激橄榄油出口,因为雅典的橄榄油产出大量过剩。然而,仅仅是改革迫在眉睫这个事实就说明,贵族地主们对城邦的控制有多厉害,而贸易问题几乎没有被提上议程。

### 梭伦的经济改革

- 免除一切债务。这一措施可谓十分激进,肯定让作为大债主的富人损失惨重。这个措施被称为"解负令"。

- 与此相关的是去除"六一汉"土地上的地标,以示该土地不再处于抵押状态,而是还给了农民。富人再次失去了可以说是一笔可观的不义之财。
- 从此以后不再有债奴制,或者说,借贷不得以债务人的人身来担保。此外还采取追溯措施,解放沦为债奴的雅典人,似乎还做出努力,赎回甚至已经被卖到外邦的债奴。
- 除了橄榄油(阿提卡盛产)之外,禁止出口任何粮食。其目的是禁止为获取高于本地的国外价格而输出粮食。这种输出曾使本国粮食价格居高不下,同时导致粮食短缺。

  度量衡依照科林斯(Corinth)和优卑亚(Euboea)众城的标准改革,这些地方的度量衡制度都比雅典先进。这样使得雅典与上述地区及其他多数城邦的贸易大为便利,因为它们已经在使用科林斯和优卑亚度量衡。如果不算其他改革的话,这项改革一定大受商贸界的欢迎。
- 鼓励外邦技术工匠在雅典定居从业。身为商人的梭伦充分意识到雅典经济落后,该措施意图迅速提高雅典的生产力。

在宪法改革方面,梭伦认为打破贵族家族对城邦政府的控制具有根本的必要性。迄今为止,选自贵族家族又得到战神山议事会支持的执政官实际上拥有绝对的权力。梭伦有意扩大政府的权力架构,特别招纳那些家财雄厚(财富来自各类工商贸易)但出身不是贵族的人士。他自己的经商背景无疑影响了他的政治方向,但是这种宪法改革的压力也积累了一定时间。所以,作为新宪法的基础,梭伦确立(或者更精确地说是正式规定)了如下的四个等级。

> **雅典人的财产等级**
>
> - 五百斗级：该等级从自己的土地上每年的收成至少有500斗谷物，这是一个干货和饮品都适用的度量单位，1斗相当于大约38公斤（85磅）和大约50升（11加仑）。一个男性每年通常食用大概8斗小麦，一对夫妇加3个小孩则要吃掉大概25斗。人们会加上大概10斗其他食物或饮品来调制一个家庭的基本膳食。这意味着500斗谷物可以养活大约15个家庭或40—50个成年男性。因此，五百斗级算是相当殷实，但是处于上等阶层的下游，不算特别富有。很可能贵族家庭的所有独立男性都可划归这个等级；不过也有不少非贵族家庭属于这个等级。
> - 骑士级：收成300—500斗谷物。该称呼无疑反映在战时提供一匹马并充当骑兵的能力，但是梭伦现在把这个条件转化为十分具体的财产资格。
> - 双牛级：很可能指"共轭"结对的重甲步兵，因此原指自购重甲武器装备的能力，不过该词的原义可能指能够供养两头共轭耕牛的人。双牛级的财产资格是200—300斗谷物。
> - 日佣级：该词原指依附于主人及其土地的农奴，但后来指任何接受雇佣的劳工。在梭伦的制度里，还指任何每年产出不够200斗的人，该等级至少包含了半数雅典公民，在梭伦时代很可能还大幅超过半数。

梭伦随后便以这些财产等级来定义其新宪法。

9名执政官被保留，但是执政官参选资格向所有五百斗级人士（或许还有骑士级，不过尚无确凿的证据）开放。虽然贵族毫无疑问属于五百斗级，但仍有相当数量的平民有候选资格。由于退下来的执政官自动加入战神山议事会，该机构就会逐渐开始失去其清一色的贵族成分,这无疑是梭伦的用意所在。

其他好像主要是财务类官职,都向五百斗级、骑士级和双牛级开放,但排除日佣级。

据说,梭伦还建立了新的四百人议事会,由4个部落各派100人组成。该议事会是否存在一直颇有争议,但是即便从未听说该机构在公元前6世纪的其余时间里有所运作,梭伦开创的传统似乎依旧很强大。我们不知道该议事会成员如何选出,但好像是由上述三个财产等级的代表组成。议事会好像权力很大,特别是充当所有城邦官员的监督者,并且为公民大会(见下文)设定议程。于是,四百人议事会接管了从前战神山议事会行使的许多权力。在实际操作中,变革看起来并不是很激烈。尽管作为新议事会基础的部落组织远不够清晰,贵族家族也不能用自己人填补新议事会的席位(这一点我们也不能确信!),但每个部落依然贵族占优势。克里斯提尼在公元前508—前507年特意在其新宪法中废除了这种部落结构,这一点很重要,也的确可以作为一个有力的论据,去证明那个以部落为基础的四百人议事会当时是存在的。

公民大会现在向所有四个财产等级(即所有成年男性)开放。这一步听起来非常民主,但是切莫忘记,议程显然全部由四百人议事会设定。实际上,公民大会的政治权力十分有限,但也的确包含了某些对城邦官员的审查权。

在司法方面,梭伦实施了彻底的激进改革,他引入新的法庭制度,所有财产等级都可担任陪审员,任何公民都可以对某一执政官的决策提出申诉。新法庭并未替代执政官的法律功能,但对他们的权力构成民主制衡。这些法庭(叫"民众法庭")(heliaia)实际上一直是公民大会的分支机构,或者甚至就是全体公民大会开会组成一个法庭。人们怀疑这个做法反映了德拉古法典颁布后对法律的普遍不满。因此,梭伦把终极司法权交给全体公民中有代表性的那部分人,这是一个非常聪明的举动,因为这赋予所有公民在城邦行政管理中的角色，而又不用所有人都参与决策。

至于战神山议事会现在怎么样呢？其权力无疑被削减了，但是这个高高在上的元老院的光辉甚至有增无减，因为其构成基础被拓宽为贤能之辈。它保留了杀人案审判权，梭伦还赋予其监察法律与宪法的正式任务，这很可能是一个比人们有时设想的更为重要的角色，因为该议事会一定得有权执行这项任务，所以必须至少对官员和其他机构的措施有一定的否决权；但这一切是如何运作的，我们不得而知。

梭伦在一次公众集会上，很可能是在一次特别公民大会（按其传统形式）上，提交了所有这些议案，并被采纳。如前所述，战神山议事会的元老们向他保证，他的改革无论怎样，都会被采纳，并实行10年之久；元老们或许对改革的结果不太满意，但未听说过食言的企图。梭伦本人则离开祖国，周游埃及和小亚细亚。他后来对自己的改革这样写道：

> 我给人民以恰如其分的地位，既让他们保持体面，又不让他们所得过分。有权势有令人羡慕的财产的人，我保护他们，使其不至于受到任何亏待。我手持坚固的盾牌站稳，不容任何一方不公正地占据优势。
>
> ——梭伦，韦斯特1992年版残篇5

这是对梭伦改革成就的公平评判。

梭伦自此声名鹊起，被尊为古希腊世界"七圣"之一。后来的雅典人把好多他未做过的事都归功于他，因为这个缘故（还有其他原因），雅典的改革如何历史重构，一直是备受争议的话题。然而，梭伦的改革声誉肯定是建立在对雅典法律和政制的一些非常激进的改革之上，以上历史重构代表了一种古今普遍的共识。

然而，尽管梭伦从此以后誉满天下，改革并未解决他希望解决的所有问题。不幸的是,贵族之间的争斗依然如故(很难发现梭伦如何能终止这种争斗)。虽然梭伦的法律一笔勾销了债务,但是许多农民因为没有钱熬过一年的耕作而被迫再度举债,很快又债台高筑了。他们虽然不会做债奴(这确实是一个大的进步),但依然长期债务缠身,把自己绑在贵族(肯定还包括其他人)债主身上了。

梭伦改革推行的若干年,矛盾冲突很明显;在后面的 10 年里两度出现执政官未被任命的现象(推测是各派别无法就这一实权职位的合适人选达成一致意见),几年以后,某个叫达马西阿斯(Damasia)的人就在一年任期届满时,拒绝辞职,或许是想做僭主。局势依然很动荡,不是因为梭伦的改革本身无法操作,而是因为最有权势的贵族家族依然为控制体制而争斗不休。

## 庇西特拉图和希庇亚斯

有一个重要的因素是阿尔克米翁尼德家族在 10 年流放之后又重返故乡。不知道他们是什么时候回来的,但是在梭伦改革中没有提及这个家族,所以姑且认为他们当时不在雅典(如果他们在雅典,在这样的历史关头,是不可能不提及此人的),不过他们肯定没多久就回来了。不久之后,贵族家族三大派别就出现了,山地派(阿提卡西南海岸)由阿尔克米翁尼德家族领导,平原派很可能由布塔达(Boutadai)家族领导,山地派(阿提卡东海岸地区)现在由庇西特拉图(Peisitrotors)领导,他在东海岸的布劳隆(Brarauon)一带有产业,其家族声称是伯罗奔尼撒西海岸的皮洛斯(Pylos)的王族后裔,其最有名的家族成员是特洛伊战争时期的皮洛斯王内斯特(Nestor)。庇西特拉图是梭伦的朋友,或者至少此前曾经是朋友(他们的母亲是堂表亲关系)。我们注意到一个有趣的现象,这些部落派别似乎与部落划分没有什么联系;土地所有权和地域性家族联盟才是这种新的地理组合的动力,或许古老的爱奥尼亚部落已经开始在政治上式微了。

庇西特拉图被证明是最有决心的派系领袖。公元前560—前546年,他三度以僭主身份接管雅典,其中一次(第二次)还曾与阿尔克米翁尼德家族短暂结盟(他娶了族长墨伽克勒斯的女儿为妻)。另外两次僭越大权时,反对他的人把他驱逐了,其中都有阿尔克米尼翁米德家族(婚姻联盟也未坚持多久)参与,但是第三次,他带回一支规模可观的雇佣军,取得了底比斯(Thebes)、优卑亚岛的埃雷特里亚(Eretria)和纳克索斯(Naxos)的支持,还有他在东北阿提卡家乡的山地农民普遍的大力支持。这次他的雅典僭主交椅坐稳了,再度驱逐了阿尔克米翁尼德家族。他做僭主一直到公元前527年去世为止,已经70多岁了。

因此,庇西特拉图控制雅典近20年。尽管希腊城邦的多数僭主都有残酷压迫的恶名,庇西特拉图却广受仰慕,而他好像的确政绩不错,给雅典带来了稳定与繁荣。事实上,他并未触碰梭伦的政制(相传梭伦曾返回过雅典,在庇西特拉图僭主统治初期与他有过合作,梭伦那时一定年事已高)。庇西特拉图索性让他自己的人长期把持实权职位,特别是行政官员职位,这又顺理成章地变成战神山议事会的席位,以至于过了20年之后,这个机构就由他提名的人主导了。可以设想,他以类似的手法控制了四百人议事会,不过老实说,我们没有听说过在庇西特拉图治下关于这个机构的情况。然而,庇西特拉图总是很积极地保持梭伦政制改革的具体规定;这些规定为他的目的服务也很不错,没有必要修改。就我们所知,他对梭伦改革唯一的增添是引入德谟法官审理地方纠纷,这无疑取代了地方贵族的非正式权威。

庇西特拉图成功解决了梭伦改革遗留的难题,而他主要以此获得名声。首先,他通过驱逐阿尔克米翁尼德家族(这个家族总是被其他非族类外人视为麻烦制造者)防止世家派系倾轧,一同被逐出阿提卡的还有另外几个大唱反调的家族。其次,他采取措施巩固小自耕农的经济地位,这些人属于支持他的群众。他向他们提供国家贷款,这笔钱抽自所有农产品百分之十的税收。实际上,该措施是将一些较富的农民的利润转移去帮助较穷的农民,不过,即使更穷的农民也有份做贡献。这使更穷的农民不至于受高利贷者的盘剥。他还鼓励在阿提卡到处种植橄榄。阿提卡盛产橄榄(橄榄油是梭伦输出禁令中排除的产品),这个措施鼓励把橄榄作为出口贸易来投资,或许这就是梭伦当时的想法。庇西特拉图僭主时期还出现了希腊黑绘陶器发展的高峰,这一点无疑具有重大意义。无论是陶瓷制造还是雅典花瓶的装饰技艺都技压群雄,这是经济繁荣和艺术雄心的写照。

庇西特拉图治下的雅典经济繁荣,政治稳定。虽然庇西特拉图在政制方面无所建树,但是他的确显示了梭伦的改革行之有效——只要贵族集团不争权夺利——而这对于未来是一个重要的信息。可惜的是,他的儿子没有其父亲的能量。当庇西特拉图于公元前 527 年去世时,其长子希庇亚斯(Hippias)接班,后者的两个弟弟希帕库斯(Hipparkhos)和色塔罗斯(Thettalos)辅佐,此二人一生的大部分时间都是雅典社会游手好闲的纨绔子弟而已。直到公元前 514 年,其间发生了什么,我们都无从了解,但是有一段碑文显示,墨伽勒斯之子,也就是当时的阿尔克米翁尼德族长克里斯提尼(Kleisthenes)于公元前 525 年担任执政官。阿尔克米翁尼德家族肯定在庇西特拉图去世时就返回雅典了(或许还早一点),他们想必已同庇西特拉图父子达成妥协。但是,在公元前 514 年,他们再度被放逐,并开始谋划将希庇亚斯赶出雅典。算来这已经是阿尔克米翁尼德家族第三次(还不是最后一次)有记载的流亡了。

公元前 514 年,希帕库斯在泛雅典人节被两个贵族哈摩第欧斯(Harmodios)和阿瑞斯托吉顿(Aristogeiton)刺杀。他们原本计划把希庇亚斯一并杀死,但是策划出了差错。哈摩第欧斯被希帕库斯的护卫当场杀死,阿瑞斯托吉顿被捕,然后被处死。如果密谋真的意欲清除僭主统治,那显然是失败了;但是根据修昔底德的说法(6.53—60),这次行刺有一个很不一样的动机。原来哈摩第欧斯和阿瑞斯托吉顿貌似恋人,而希帕库斯曾企图诱奸哈摩第欧斯。诱奸不成,他又出言羞辱哈摩第欧斯的妹妹,称她没有资格提篮子参加泛雅典人节巡游(可能是对其处女身份的诽谤)。于是,哈摩第欧斯和阿瑞斯托吉顿,还有一些同伙,决定一起刺杀希庇亚斯和希帕库斯。但是,即便我们接受修昔底德的说法(也还得怀疑至少有些参与者有政治动机),这两个刺客立即被颂扬为僭主剪除者,后来的历史传统都将其视为终结僭主统治的先驱。

事实上,罢黜希庇亚斯绝非易事。可以理解,其兄弟遭刺杀一事使他紧张不安,在接下来的4年里,他的统治变得极具压迫性。而与此同时,流亡的阿尔克米翁尼德家族就待在附近的皮奥夏(Boeotia),正在策划把希庇亚斯赶下台。阿尔克米翁尼德家族承接了重建著名的神谕之所德尔斐阿波罗神庙的任务,本来按规定用石灰石的地方,他们却用帕罗斯大理石,把工程做得很出色。他们得以游说神谕(更可能是诠释女先知老妪狂喊乱叫的祭司们),要求下令让任何斯巴达访客接谕"解救"雅典。斯巴达依旧是一个由古老的双王制兼小型贵族元老院统治的城邦,他们虽然和庇西特拉图父子们保持友好关系,但通常都支持其他地方的贵族统治。斯巴达人显然是在神谕规劝下,派出了双王之一的克琉墨涅斯(Kleomenes)入侵雅典,阿尔克米翁尼德家族自然出手相助。其实,斯巴达人更多的考虑是希庇亚斯最近与斯巴达的宿敌阿尔戈斯(Argos)结盟,所以才乐于支持阿尔克米翁尼德家族。斯巴达人很可能认为阿氏家族会建立一种僭主制。几乎在兵不血刃的情况下,希庇亚斯就被赶出了雅典,逃往小亚细亚西北海岸的西吉昂(Seigeion,靠近特洛伊遗址),此地大约100年前已有来自雅典的定居者,希庇亚斯的家族跟那些定居者关系深厚。后来,他又从西吉昂前往波斯王大流士的宫廷,指望大流士帮他复辟。

不过，阿尔克米翁尼德家族在雅典远未受到所有人的普遍欢迎，雅典曾一度貌似又要重现庇西特拉图之前习以为常的派系斗争。克里斯提尼很快遭到伊萨哥拉斯（Isagoras）的反对，后者是当时的贵族名流，但属于哪个家族我们不知道。伊萨哥拉斯公元前508年登上执政官宝座，可是，很快可以看出，他不是阿尔克米翁尼德家族的对手，后者在雅典穷人中正在获得广泛支持。

然而，伊萨哥拉斯恰好与斯巴达王克琉墨涅斯关系不错，他于是寻求后者帮助以对付阿尔克米翁尼德家族，而这位斯巴达王刚刚帮助这个家族结束流亡返回雅典！克琉墨涅斯可能这时已风闻克里斯提尼获得民众的支持和他改革思想的方向，认为伊萨哥拉斯才是斯巴达要支持的人。依仗斯巴达人的伊萨哥拉斯驱逐了阿尔克米翁尼德家族（在过去100年里，他们已被第四次驱逐），一同被驱逐的还有许多其他家族，伊萨哥拉斯企图废除雅典政制，建立由自己的支持者组成的议事会。这些举动在雅典引发了暴乱，愤怒的群众眼看梭伦改革的成就正迅速化为乌有，就把伊萨哥拉斯及其斯巴达支持者围困于卫城。被围困两天之后，克琉墨涅斯意识到他站在输家一边，于是达成休战协议，让所有斯巴达人撤离；可是，追随伊萨哥拉斯的雅典人被逮捕并遭处决，而伊萨哥拉斯本人却随斯巴达队伍逃脱。阿尔克米翁尼德家族和所有其他被驱逐的人都立即被召回。克里斯提尼这一次牢牢掌握了政局，实施政制改革，在雅典引入古代世界最为激进的民主制。

## 第二篇　民主制:克里斯提尼的改革

约翰·索莱

我们并不清楚克里斯提尼(Kleistenes)推行政制改革的具体细节。他似乎并未担任正式公职(肯定未担任执政官),但是他可能在伊萨哥拉斯离开后被特别授权修宪。通常所说的克里斯提尼改革日期是公元前508—前507年,但也有证据显示基本的制度花了两三年时间才建立起来,所以我们推测在此期间有某种临时政府在运作。

克里斯提尼及阿尔克米翁尼德家族在民众的支持下,已经在雅典重新掌权,这些人是非贵族的自耕农和工匠,他们当时已对贵族统治彻底失望。这些民众虽然并非全部一定支持克里斯提尼,但他们很可能已超过总人口的九成;许多人对阿尔克米翁尼德家族也像他们对其他贵族宗族一样持怀疑态度。克里斯提尼与人民代表有什么谈判,我们不得而知,但是肯定有过一些谈判。无论细节如何,克里斯提尼的改革无疑获得了多数民众的支持,因为改革赋予公民管理城邦的实权。克里斯提尼肯定很快意识到,不管他喜不喜欢,这种做法意味着他不得不打破贵族世家对整个政治制度的控制。贵族的权力基础本质上由三方面构成,首先,对地产以及对依靠土地为生的控制,较早时期的典型是海岸派、平原派和山地派的结盟形式;其次,梭伦的四百人议事会所承认的爱奥尼亚四部落的古老部落效忠情结,也是军事和财政组织形式的基础;第三,执政官职位和战神山议事会大体上由贵族主导。克里斯提尼的改革必须满足民众自己而非贵族掌权的愿望,而且这种格局还得坚持下去。但是,我们也能发现妥协与策略性操控的迹象。我们将看到,执政官职位和战神山议事会似乎不会有变动;在改革过程中,牺牲其他宗族利益以让阿尔克米翁尼德宗族获益的事,克里斯提尼肯定不会反对。

## 新的部落

克里斯提尼干脆抛弃了作为政治活动基础的古老爱奥尼亚部落;由于这些部落具有一定社会和宗教崇拜功能,他觉得没有必要触动,所以他事实上没有设法解散部落,但是现在部落已经无关政治和政制。可是,鉴于贵族氏族的地域联盟,他无疑感觉到无法以"县"、"行政区"、"州"这些简单的地理格局来替代古老的部落,因为某一个或多个贵族氏族会迅速主导这种格局。于是,他设计出一种更为复杂的制度,他创立了10个新部落,每个部落由一个雅典城的区、一个沿海地带的区和一个内陆的区组成。该制度对公元前508—前507年的阿提卡人和今天的我们而言,看起来都是一样的复杂,人们接受了这种制度,表明当时已经有一种共识,认为要避免回归过去两百年主流政治的贵族派系斗争,有必要这样做。

10个新部落组织成为新的民主制下几乎整个国家(我们将考虑各个德谟的政治生活)政治生活的基础,因此,详细考察这些部落的组成,对于理解民主制的运作非常重要。虽然我们没有掌握全部细节,但利用文献证据(数量有限,往往大幅度晚于公元前5世纪,但依然无比珍贵)、雅典与阿提卡的碑文、阿提卡古典时代定居与地理考古证据等,还是可以勾勒出相当精确的画面。

克里斯提尼将阿提卡划分为城市、海岸和内陆三个基本区域。城市包括雅典卫城、比雷埃夫斯港以及其间的一大片土地（多数是良田），覆盖大约30英里的沿海地带。这个设计是为了把城市部分的人口增加到其他两个区域的水平，即便如此，城市部分的人口规模依旧是3个区域中最小的；多数雅典人还是住在"乡下"。每一个区域又分为10个单元，每个单元叫"三一部"（该词曾用来指一个爱奥尼亚部落的三分之一部分，所以用来指一个政治单元人们并不觉得陌生）。"三个合一组"的含义依然说得通，因为3个这种单元（分别来自城市、海岸和内陆）构成10个新部落之一。因此，整个城邦国家有30个这种"三一部"，10个在城市，10个在沿海，10个在内陆。三一部主要由成群的"德谟"构成，这些"德谟"就是乡村地区的村庄（或者是村庄和小村庄的群落）和城市里可以叫做小区的地方。村庄、小村庄和城市小区原本自然就存在；克里斯提尼决定这些新"德谟"的聚焦点在何处，然后把它们打包成新的三一部。我们清楚地知道，整个城邦有139个德谟，所以一个三一部平均有4个或5个德谟。然而，实际上，三一部包含的德谟数量悬殊很大，有几个三一部（大概5个）只有一个德谟，也有几个三一部含有8个或9个德谟，这反映了德谟的人口差异变化。每个男性公民一满18岁就要在德谟登记。登记确认公民身份，即使他后来移居到阿提卡的其他地区，他及其后代还是他首次在公元前508—前507年登记的德谟的成员。通过德谟，这个公民成为三一部的成员，也就是10个部落之一的成员。这种登记形式取代了氏族公民身份登记证明，氏族登记从未向所有自由男性开放，而是由氏族首领的贵族家庭控制。氏族依旧存在，但是已经没有正式的政治角色。

即便我们对结果非常熟悉，但是把30个三一部组织成10个新部落的实际分配过程仍然不清楚。据《雅典政制》（21.4）记载，三一部按抽签划归部落，有些现代学者为这种观点辩护。然而，也有些学者认为更可能是克里斯提尼(或者是一个专门成立来落实改革的委员会)精心设计确定哪些三一部在一起组成一个部落。持后一种观点有两个理由。首先,这些部落需要在人口规模上十分接近(城邦内产生于改革的所有政治和军事组织似乎已是如此),而三一部本身肯定不是如此。即使把任何3个三一部随机组合成一个部落,那么在整体上所产生的部落的规模也大致相当。当然,按随机选择,3个小三一部(或3个大三一部)出现而形成一个部落,这种可能性也肯定有,这样就损害了制度,或者至少公然失去平衡。一种有计划的处理方法似乎更容易接受。第二个理由是,有证据表明,按地理组织将三一部组成部落的方式对阿尔克米翁尼德家族有利,而这不太可能是随机选择的结果。

我们仍然无法画出一幅完整的地图以显示每一个德谟,因为有些德谟的位置依旧没人知道,但是整体格局还是清楚的。分布格局乍看貌似由随机选择的三一部形成的部落(不过,如上所述,或许为了平衡规模,允许创立规模差不多的部落),因此可以支持前面引自《雅典政制》的断言。但是,当我们把目光投向被认为是阿尔克米翁尼德家族影响范围的地理区域时,就出现了有趣的特点。阿尔克米翁尼德家族影响的地域位于雅典以南,从比雷埃夫斯到萨罗尼克海湾,很可能延伸到离苏尼翁角(Cape Sounion)几英里的地方,即构成传统定义的"海岸地区"。如果我们观察该地区的三一部,就会发现城市以南的许多领土(阿尔克米翁尼德家族影响的最北端)都划给了第一、第七和第十部落,另外一些三一部也这样划归,这些三一部从沿海地带延伸到苏尼翁角,构成阿尔克米翁尼德家族版图的其余部分。因此,阿尔克米翁尼德家族实际上控制了上述3个部落,因为每个部落大约有三分之二的部分都落入他们的势力范围。其实这3个部落的内陆三一部都相当靠近雅典,但这种情况是否重要也未可知。可惜,我们无法知道足够多的其他贵族家族来自何处,所以无法判断部落的三一部划分是否故意把另外两个家族控制范围之外的三一部绑在一起,从而确保其他家族无法影响任何一个部落的多数人。我们也不知道,阿尔克米翁尼德家族是否与贵族氏族甚至集团达成某种交易,以获得二者的支持。然而,东海岸的第二、第三、第五和第九部落组合看起来可疑,像是故意的布局。这是古老的山区,是庇西特拉图父子的势力范围。克里斯提尼甚至有没有跟庇西特拉图的残余势力达成过交易?在公元前490年的马拉松战役期间,确实谣传阿尔克米翁尼德家族仍旧跟希庇亚斯及其波斯朋友保持联系(见希罗多德6.115及121及以后各页;希罗多德不信这些谣言,但是谣言就摆在那里)。或许克里斯提尼和庇西特拉图家族产业的新业主(或者对于大多数产业而言;我们知道希庇亚斯出走后,其家族部分人留下了)达成了交易,因为这些业主能拥有这些新产业一定会对克里斯提尼感恩戴德。有一件事情很有趣,据希罗多德记载(6.121),有一个叫卡利亚斯(Kallias)的人在庇西特拉图被逐出雅典时(这应该是在公元前550年代)曾买过庇西特拉图家族的地产,而且我们知道这个卡里亚斯来自阿洛佩克(Alopeke),即克里斯提尼家庭所在的城市德谟。我们知道卡里亚斯的后代在公元前508年依然住在这个德谟,与克里斯提尼家很近。那么卡里亚斯的后代在希庇亚斯出走后又去买回庇西特拉图家族的产业了吗?看来事情并非那么简单,我们缺乏足够的证据下结论。不管具体情况如何,克里斯提尼可能与留下来的庇西特拉图家族成员和东海岸产业的新业主都达成过交易。通过这些手段,他或许希望能够影响7个部落(第一、第七、第十、第二、第三、第五和第九部落)的多数三一部(三分之二)。不过,不得不承认,这些证据都是间接的。然而,依然可以这样怀疑,认为三一部的分配是一个十分微妙的游戏,克里斯提尼很可能要尽了手腕。

新的部落有大量的事务需要处理或监督,特别是涉及议事会、无数的行政官员委员会等一众官员的任命工作,每个部落对这些职位都有同等的占有权。因此,组成一个部落的公民们会定期在雅典开会。这些部落大会很可能由城市德谟的成员主导,但这对于海岸和内陆的德谟也不是很大的问题,因为这类部落大会根本不是决策机构。正如我们下面将注意到,将军任命方面还是受到一些影响。

## 五百人议事会

五百人议事会是新的民主制核心,但应直接强调其拥有的是行政权力,议事会不制定政策,那是公民大会的事,公民大会向所有 20 岁以上的公民开放。然后,管理城邦事务,执行公民大会政策的是五百人议事会。

议事会由 500 个年龄超过 30 岁的公民组成,每个部落派 50 人。每个部落的 50 个议事员在三一部之间的分布并不均匀,因为议事员是在德谟这个级别上分配的,其人数反映每个德谟的公民人数(关于来自每个德谟和三一部的议事会成员数目,见附录 1)。许多小的德谟(大约 40 个公民)仅有一个议事员,但是有 8 个德谟的议事员人数却有 10 个或者更多,而最大的德谟(阿卡奈,大约雅典以北 7 英里,本身也是一个三一部)竟有 22 个议事员。但是每一个部落来自其三一部的议事员总数一律是 50 人。我们注意到这样一种有趣的情况,假如把来自城市、海岸和内陆三一部的议事员总数加以计算,可以得到以下的数据(有些德谟的数字稍有差异,不超出 2—3 个的范围):

城市:130
海岸:196
内陆:174

正如我们已经注意到的情况，即便按克里斯提尼扩大的定义来观察城市，其人口规模也小于其他两种地区。雅典城本身的居民似乎仅占不超过城邦国总人口的五分之一，甚至这其中还包括外邦人。其实，在克里斯提尼的"城市"所涉及的地理范围内，城墙以内的雅典城只派出28名议事员，紧靠城墙的外围城区派出29名；所以，在130名来自"城市"的议事员中，只有57名来自雅典城区，其余73名来自比雷埃夫斯港（有10名议事员）和构成"城市"的其他相对乡村化的地区。以上数字似乎显示雅典城市地区的人口（城墙内及紧靠城墙的近郊居民）把外邦人和奴隶都算上，很可能大约是5万，占全国总人口的20%，但只占全体公民人口的12%（假定议事员数目对公民数目具有公平的指导意义，很可能真的如此）；雅典城的非公民居民数远远高于正常的非公民居民数，因为雅典容纳了很多外邦人，而且极可能集中了数目不菲的奴隶。雅典从根本上讲确实是一个乡村城邦国。

与几乎所有其他的城邦公职一样，议事会任期为一年，从盛夏时节开始。任何人不可连任议事员，且一生中最多只能当两届议事员。

然而，克里斯提尼并未让议事会议事员资格向所有公民开放，而仅向财产级别属于双牛级（拥有岁入至少200麦斗）或更高级的公民开放。占公民人口数很可能大大超过一半的日佣级被排除在议事会之外，如他们被梭伦的四百人议事会所排除一样。

这就导致一种复杂的计算，大概克里斯提尼已经这样算过。议事会要求双牛级及以上级别每年派出500名议事员，一个人在一生中只能当两次议事员。如果我们假设30岁的人预期寿命还有30年，也可以假设一个人平均每隔15年获得一次候选议事员的资格。因此，新制度一经运作，城邦就需要至少7500名超过30岁的双牛级或更高级别的公民（肯定也会有人不愿意做议事员），以保证议会每年有足够的人开会。如果我们根据这个数目，把

20—30岁的公民都算上，最低限度得有大约1万名双牛级和更高级别的公民。有诸多情况显示，成人公民的人口为3万，所以这些数字似乎都还彼此吻合。如果我们假设大约1—1.5万公民属于双牛级或更高级，而其余属于日佣级，这也不至于太离谱。

议事员享有一定特权。他们在任期内不必服兵役，在城邦重大聚会场合（包括戏剧节）有特殊的保留席位，戴桃金娘制成的冠冕（与其他城邦官员一样）以示公职身份，但是其职责繁重。除节日和几个凶日之外，每天在雅典的阿哥拉议事厅开会。有些议事员肯定不会参加全部会议，特别是住在离雅典有点远的议事员，不过缺席太频繁会遭致批评。还有议事会的一些委员会和各种城邦功能事务要求议事员到场。

为了保证工作量分配公平，同时提供不间断的，特别是紧急情况的行政值班，每个部落的50个议事员轮流进行为期36天的议事会常务委员会（执委会）。各部落做执委会的顺序在每个部落月开头由抽签确定。所有轮值的执委会委员吃住都在托伦斯厅，该厅与议事厅相连。每天都抽签确定一位委员做主席，主席要在托伦斯厅值班24小时。这位一日主席要主持当天议事会的会议，如果那天有公民大会（大约每9天一次），他也要主持。此职要负责的工作肯定相当繁重，需知公民大会一般有5000人。所以，五百人议事会成员中大多数都可能做一天议事会主席，而其中大约40人又可能在一年之中主持一次公民大会。

作为城邦行政委员会的议事会拥有多种职能。或许使其拥有实权的主要职能就是为公民大会准备议程，这包括提案，要么以建议的形式，要么以开放式问题的形式交给公民大会去决定。议事会还接待外邦派到雅典的使节，决定使节是否可列席公民大会。不过，议事会的大量工作还是落实公民大会制定的政策，这个领域可能主要涉及公共设施和服务的财务与组织工作，包括军费开支。其实，议事会是城邦的负责机构，它执行所有的政策，即便有其他官员和委员会(我们将看到这些人员都不会少)做具体的工作。

议事会对整个新的民主制运作具有关键作用,议事会固然包含了来自阿提卡各个德谟的成员,但是其另外两个特征也值得多加关注。

首先,议事会成员资格审查极其严格。正如我们所知,克里斯提尼把议事会成员资格限制为双牛级或以上的等级,很可能是认为这些等级对于一个良好的政府有财务方面的利害关系,况且他们还为陆军提供重装步兵(日佣级虽然服役海军战舰,但无缘此责),而他们也不代表某一个等级或群体的狭隘利益。任何人想提名进入议事会,必须先得到其德谟批准,不难想象,德谟选人时考虑会很周到,只有那些明事理又有基层政治经验的人,那些确实能应付这种耗时又频繁的雅典会议的人才会被遴选;而且德谟很可能会青睐那些年龄远超过 30 岁的人。如果候选人多过德谟所分配到的议事员名额(这种情况是必要的),那么就抽签定人(雅典显然就这么做)。但是,即便如此,当值的议事会还必须审查每个人(资格审查或测试)以确保所有条件均满足,所选之人不可能被取消资格。

其次,议事员一年届满则换,议事会执委会是轮值的,按日抽签选主席这些做法使任何部落(当然,部落来自阿提卡的三个不同地区)或者任何其他个人组成的派系都几乎无法主导议事会的运作。这种缺乏恒定性的特征无疑有缺陷,特别是封杀了培养丰富经验或能力的机会;但是也的确避免了政治派系和贵族统治造成的恣意妄为,而大多数雅典人也乐于接受这种缺陷。

## 公民大会(Ekklesia)

公民大会是城邦的决策机构,原则上由所有 20 岁以上的男性公民组成。有关公民大会程序的多数细节都来自公元前 4 世纪演讲家(主要是德摩斯梯尼)留下的演讲词,还有显然撰写于大约公元前330年的《雅典政制》。这些证据在民主制实施的最初百年间究竟具体与民主制程序有多紧密的关系,我们尚不敢肯定。然而,真正出现于早期的证据与后期的程序并无实质性牴牾,而且很可能有理由认为,公民大会程序的一般形式是相当稳定的。

公民大会在正常情况下每个部落月召开4次会议,一年召开40次会议。会议通常在普尼克斯山(the Pnyx)举行,这是一座雅典卫城以西约500米处的缓坡,可容纳6000人,不过在民主制的头几十年里,会议似乎是在阿哥拉市场举行的。因为有资格参加公民大会的公民总数大约是3万人,显然在多数时候都未参会。可以推测,与会者主要是居住在雅典或雅典附近的人。从阿提卡东海岸步行到雅典要整整两天,若有人从马拉松或苏尼翁专门赴雅典开会,无疑是一件稀罕的事,除非此人另外有事必须到雅典处理。但是证据似乎暗示,通常或多或少有足够多的人上普尼克斯山赴会。

每次公民大会的议程都由议事会准备,或者更准确地说,由该部落月当值的执委会准备。公民大会自己可以决定把某个议案放进后来的议程里,但除此之外,议事会控制了议程,并在开会前几天公布议程。会议期间当值的执委会充当会议的协调委员会,当天的议事会主席主持所有的会议程序。会议在清晨日出后即以祷告和献猪祭神的仪式开始,通常在晌午即告结束,不过有些会议要持续一整天;在对公元前406年阿吉努西(Arginoussai)海战将军们的审判中,因为夜幕降临无法点算举手数目而推迟了投票。有些会议的议程,特别是主会议(ekklesiakyria)的议程,至少部分要预先确定。主会议是每个部落月4次会议中的一次,会上有对城邦官员的信任投票,同时还要议决一些事务,如城邦的粮食供应(粮食由城邦定价),国防事物,如报告城邦对财产的没收情况这类法律问题。一些议事会执委会成员向议事会提交各项事务的预备提案,然后公民大会传令官问:"谁要发言?"公民大会的任何成员都可以到前台来就该议题发言。根据埃斯基涅斯(Aeschines)约公元前340年的一篇演讲词,我们了解到议事会和公民大会演讲人的一些规则:

> 在议事会或公民大会上发言的任何人断不可跑题,断不可同时议论两件不相干的事情,在任何一场会议上都不可就同一议题两次发言。断不可诽谤、辱骂或打断他人发言。发言者必须站在前台,断不可攻击主持会议的官员……
> ——埃斯基涅斯,《驳提马科斯》,1.35

表决方式是举手。如果举手人数很接近,任何公民大会成员都可要求重新点算。在普尼克斯山上或附近发现过4块"三一部标记"的石头,这些石头可能是在标记每个三一部代表在公民大会上的座位区域;但有文献暗示当时与会人员可随便选地方落座,所以此事尚无解。

公民大会的决议要记录并公布,更重要的内容要刻石铭记,有些记录留存至今,但大多是残篇。会议的开场白相当程式化,通常形式如下:

> 在(部落名)部落轮值部落月,……做书记员,……做主席之时,提出动议如下……

公民大会确实是城邦的操控机关。这一点在被叫做"检举"的程序中,或许表现最明显,这是一种对针对城邦的叛国罪或叛乱阴谋罪的指控。在每个部落月召开的主会上,任何公民都可以告发城邦官员甚至公民个体,从而启动检举程序,此类动议无需议事会准备预备提案。如果公民大会确信有案子需要决断,那么就要决定是在本届公民大会的一次特别会议上断案（大案一般是如此），还是提交给法庭。臭名昭著的公元前406年阿吉纽西海战将军审判案就是检举程序的结果，不管怎样，这都彰显出了公民大会对城邦官员的权力。

## 法庭（Dikasteria）

自从梭伦改革以来，司法一直归民众法庭（heliaia）掌管，该法庭容纳了公民的所有等级，而且任何公民都可以就执政官的决定向法庭提出上诉。人们早已习惯于众多公民同胞一起审案施罚的做法。所以，当克里斯提尼按照梭伦创建的原则行事时就不足为奇了，只不过他在很大程度上完善了旧制度。然而，需要注意，经过克里斯提尼改革后为世人所知的法庭，在公元前5世纪初期依然在原则上是上诉法庭，案件一开始是提告到执政官那里，或者如抢劫及其他暴力行为案件，是提告到"十一人委员会"，这些人按年任命，负责管理城邦监狱和300名斯基泰弓箭手的"警察部队"有权罚款和实施惩罚，甚至在肇事者现行作案被抓时有权将其就地正法。在公元前5世纪的头几十年，执政官的确好像保留了某些审判权，但其程序不祥。

雅典没有像受薪专业法官职位那样的国家司法服务，也没有现代意义的专业律师这一说。我们在这里要探讨一下不同种类的诉讼，在多数情况下，控方传唤被告与其一同在指定的日子到案于相关的执政官那里。如果被告缺席，控方就胜诉；当然，被告通常会到庭。于是，执政官审理双方的证据，笔录陈述及其相关文件证据，安排开庭。庭上各方按分配的时间发言，并由水钟计时，这是一个让水按固定速率流出的大陶罐。控辩双方常雇请职业演讲人，辩方带上妻儿向法庭哭穷卖惨是常见的套路。演讲之后，陪审员（陪审员遴选方式参见下文）不经正式辩论就直接投票表决，将圆形陶片分别投入"有罪"和"无罪"的陶罐中。也许有人会猜测法律严密性在这种法庭上很难起决定性作用,煽情的演说更能获胜,而雅典人似乎单纯地认为民众法庭陪审员数量众多,犯错的概率总比少数执政官要低。

6名司法执政官继续负责法庭组织工作,这很可能是源自梭伦时代以来的做法,司法执政官主持若干法庭,但任职期限为一年。提告要么是一种个人申诉(此类案件称为私法诉讼[dikai]),要么由于关涉公众而非私人利益而由某个有心人提出(此类案件称为公诉[graphai]),但是公诉案提告人也面临真正的风险;假如提告人在案件呈递法庭之前撤诉,或者庭审时未获至少五分之一的票数,那么他将被褫夺公民权并处罚金1000德拉克马,大概相当于一个工匠3年的薪水。这个设计显然是为了防止轻率或恶意的提告。在私法诉讼案中,控方胜诉,控方或其排序最近的亲属接受败诉方的赔偿。在公诉案中,如果被告败诉,往往会被处以高额罚金,胜诉方得到丰厚的奖赏,尽管有丧失公民权和罚金1000德拉克马的风险,这笔奖赏依然吸引一些人为金钱利益而提起公诉。这种提告人被称为无赖讼棍(sykophantai),字面意思是"无花果举报人",大概指对走私出口无花果的人提告,私自外销无花果在梭伦改革方案里被禁止。公诉案总难以摆脱被滥用的尴尬,似乎一直以来就被人用来私仇公报。

可以设想,小纠纷一直都有某种地方性的解决办法,很可能就在德谟社区内部化解。庇西特拉图曾引入德谟法官,或许这种职位还被继续委任。关于公元前5世纪中叶以后的德谟法庭制度详情,下文会有涉及,但是从克里斯提尼时代开始,德谟里所发生的事并无记载。

在克里斯提尼的改革中,每年有6000名年满30岁的公民被选中并登记为备选陪审员。(其实这些人身兼陪审员和法官双重职能,最好用希腊文"dikastes[陪审法官]"或其英语形式"dikast"

来称呼他们。)这6000人是从有意承担此项工作的人中抽签选出，其中有600人是从新部落中选出。或许有人会猜想，那些毛遂自荐的人多数来自城市，但就我们掌握的证据显示，许多人其实来自海岸和内陆地区。他们一般是中年人或偏年长，因为30—50岁这个群体里很少人有时间像上班一样地出庭，其中多数人（至少在大约公元前451—前450年引入陪审法官受薪制之后）似乎来自较贫穷的社会阶层。每个陪审法官领取一张"门票"（公元前4世纪中期是青铜铸造，但很可能在公元前5世纪是木头做的），上面刻有陪审法官的全名和显示雅典猫头鹰图案的官印。许多铜牌官印在墓葬中都有发现；多数情况下，死者去世那年的身份是陪审法官，有幸带铜牌随葬。每年的新任陪审法官都要出席就职宣誓仪式，誓词极可能源于梭伦时代，在克里斯提尼改革中有所修改。誓词如下：

> 我将按公民大会与五百人议事会通过之法规作出投票，至于无法可依之案件，我将尽我所能作最佳判决，不偏不倚，并仅对案件所诉事实作出判决。我将秉公无私，听取控辩双方之证词。

除公民大会和节日外，其余日子都开庭审案。余下的开庭日有200多个。法庭的规模视案情而定。公元前4世纪，涉及金额低于1000德拉克马的私法诉讼由一个201名陪审法官组成的委员会审理，超过1000德拉克马的诉讼由一个301名陪审法官组成的委员会审理；公诉案件则由501名陪审法官组成的委员会审理，但如果遇到重大案件，则动用多个501名陪审法官的委员会。所有庭审都在阿哥拉广场或其附近举行，不过具体位置依然不详；有些建筑位于阿哥拉广场的东北面，年代肯定要晚一些，可能也是较早时期的法庭。

在公元前 5 世纪,6000 名陪审法官被分为 10 个部,每部有 600 名陪审法官,其中每 60 人为一组,分别来自 10 个部落。10 个部落中,每个部落都在这个年份里被分派一个法庭,每个法庭都由一个执政官主持,也可能在某些案件中由另外一个执政官主持。每个法庭负责处理一种特别类型的违法犯罪,例如涉及家庭遗产继承的案子由名年执政官负责,所有涉及外邦人及其他非雅典人的事务则由军事执政官负责。开庭日里,法庭程序从日出时分就开始,每个开庭日都有一个庭审程序提前公布,说明是在哪个法庭审案,需要多少陪审法官。假如陪审法官所分配的法庭要开庭,那些有意出庭的陪审法官就会赶到门口排队,公元前 5 世纪的做法似乎是按先来先得的原则把所需数量的陪审法官请进法庭,入场时验证或收缴他们的身份牌。当然,这种制度也会被人滥用,因为陪审法官分属某个特别的法庭,他们只要来得够早就完全有把握保证能就某一特别的案件到庭。从公元前 403 年开始,对于陪审法官的法庭分派制都有各种改革,大约从公元前 370 年开始,该制度变得非常复杂,用了抽签机(kleroterion)来实施随机挑选,其中一台残缺的抽签机留存至今。

在克里斯提尼的改革方案中,陪审法官不受薪;我们可以发现,这种事后来注定会发生。

雅典司法制度在许多方面都是很出色的,尤其是其涉及的固定参与人数如此众多。雅典人自己视之为民主制的根本部分。法庭无疑在城邦生活中起主导作用,也是许多人,或许是多数年长雅典公民的一种生活方式。

## 将军(strategoi)

根据克里斯提尼的新宪法,每年要任命 10 名将军,每个部落选出 1 名。新制度下的首轮将军任命似乎到公元前 501 年才执行,或许是因为当时雅典仍在与斯巴达、底比斯,后来还有哈尔基斯(Chalkis)交战,又或许是新的部落制需要若干年时间来实现充分运作。可以设想,在公元前 508—前 501 年期间,旧制度依然有效,即 4 个爱奥尼亚部落的每个部落都委派 1 名将军指挥该部落的重装步兵。

每个新部落的公民大会提名自己的将军。大家都认为将军的任命不应该靠抽签,于是每个部落都举荐最能干的候选人;此外,将军至少得 30 岁以上,这也是对行政官员的要求。只有公民大会才能最终批准将军任命,但似乎公民大会一般都接受部落公民大会的提名人选。将军职位多年连续任命并不设限,这也的确出现过,最有名的就是伯利克里,公元前 443—前 429 年,他连续 15 年担任将军。

将军的主要任务是管理和指挥雅典陆军和海军,可能原来军队是按部落分队来组织的,这种部落责任制好像很快就被共同责任制所取代。将军履职时,特别是出征远离雅典时,具有一定的自主权,但是他们总是要为自己的行为对公民大会负责。然而,将军的角色在民主制中成为一种关键的权力基础,部分原因是雅典在公元前 5 世纪几乎一直都在对外作战,而将军是唯一选贤与能,任期又可超过一年的正式城邦官职,这也是一个原因。公元前 5 世纪雅典最显赫的政界名流都是军事执政官,从米提亚德(Mitiades)和地米斯托克利(Themistocles)再历经伯利克里到尼基阿斯(Nikias)和亚基比德(Alkibiades),莫不如此。

然而,在克里斯提尼的改革方案中,十将军仍受制于九执政官之一的军事执政官管辖,这种格局在公元前 490 年的马拉松之战都一直有效。正如我们后面会提到的一样,军事执政官和其他执政官的角色在公元前 487—前 486 年会有变化。

一些有趣的人物可以被任命为将军。伯罗奔尼撒战争之前(这些人物主要出现于公元前 441—前 431 年,但更早期较为零散的人物似乎也呈现同样的格局），大约六成将军来自城市部落，来自海岸和内陆部落的将军加在一起才四成。这种现象大概反映了这样一个事实，提名将军人选的部落公民大会开会时，城市部落远比其他部落更容易出席。但是，在伯罗奔尼撒战争期间，仅有32%的将军来自城市部落，或许这是多年战乱导致移民的结果，人们从乡村地区逃入被长城（建于公元前461—前458年，旨在保护雅典和比雷埃夫斯不被从陆路进攻）保护的地区。这样至少可以让乡村居民更容易出席公民大会了。

## 行政官员职位

民主制需要行政管理者，而且需要的数量还不少。然而，雅典并未实行长期性的公务员服务，但会像五百人议事会按年任命那样，依同样的原则从公民中任命行政职务。我们知道，在公元前4世纪，每年总共有600个"行政官员"被任命。我们没有掌握公元前5世纪的精确数据，但很可能还是这种做法，人数方面肯定较克里斯提尼时代的小规模有所增加，毕竟城邦的职责范围增加了，如公共建筑、海军和提洛同盟的结盟关系。多数行政官员在那些十人委员会里工作，十人分别来自不同的部落。

所有的行政官员必须年满30岁，并且来自五百斗级、骑士级或双牛级；日佣级理论上被排除在外，但在现实中还是逐渐有所吸纳。行政官员履职时戴着桃金娘花环。在所有这些方面，他们的地位与五百人议事会成员相当，他们也同样需要经过一种任职前的资格审查。此外，任何人一生中担任某项特定的行政官职不得超过一次，但对于在不同的年份担任不同的行政官职则不设限，我们知道许多人在一段时期的若干年份里担任过若干行政官职。现实中，连续任职是不可能的，因为行政官员必须在卸任后的那一年接受所谓"卸任账目审查"，这项审查要到卸任后几个月才能完成；

没有令人满意的审查结果就不能担任下一个行政官职,所以在两次履职期间至少有一年间隔。

有些行政官员选举产生,另外一些抽签产生,不过这两类行政官员产生办法都有一个总的原则,那就是十人委员会需每个部落派一个人参加。

似乎有大约 100 名行政官员是选举产生的(不是抽签)。这些人包括将军(严格地讲,他们属于行政官员),部落团和骑兵队指挥官,负责训练应征入伍者(所有 18—20 岁的男性公民)的官员,最重要的财政官员,以及组成宗教事务委员会的成员。在以上所有情形中,选举而非抽签之所以合理,是因为职位要求选举具有一定水平的知识或经验的人员。选举于年中的一个特别公民大会上进行,由于希腊年始于仲夏,所以这个年中大概是 12 月。这可以让资格审查程序在被任命者履职前有时间按部就班地完成。我们并不清楚选举的细节,但似乎每个部落都有一个或多个执政官职位提名,而公民大会则投票表决每个提名。

另外 500 名执政官则以抽签的方式从有意者中选出。不同职位的地位和受追捧程度不同,但是对多数职位的竞争还是相当激烈,不过,我们知道,有些委员会在某个部落未提供人选的时候,日常运作还会出现职位空缺。各部落对每个行政官职位提出自己的人选名单(数目从零到几个都有可能),每种职位的抽签决定不是投票,所以不在公民大会上举行,而是在位于卫城以东的忒修斯(Theseus)神庙举行,并由 6 名司法行政官员主持。抽签确定的执政官(主要集中在通常的十人委员会)包括几个涉及市场管理(度量衡,特别是粮食供应问题管理)的委员会;几个负责监管宗教节庆及神庙维护的委员会;还有一些负责各种城邦财务审计的委员会;以及负责养路和街道清洁,粪便清扫及死尸清理工作的委员会。"十一人委员会"前文已有提及;这 11 人也由抽签来任命,但为何是 11 人,而非 10 人,其中原因不得而知。他们负责城邦监狱、财产充公及处罚执行，包括行刑，遇到被告（《雅典政制》特别提到的"小偷、绑架犯和入室盗窃犯"）认罪时可格杀勿论，这样的司法程序看起来明显过于草率。事实上，并没有国家警察部队，但有一个 300 人的斯基泰弓箭手队（他们显然是来自俄罗斯南方地道的斯基泰人），他们于公元前 450 年受雇于城邦，听命于某些行政官员委员会。据说，他们在公民大会维持秩序，会前负责拉着蘸有红漆的绳子对阿哥拉广场清场，不过，我们尚不清楚这种做法到底是要驱赶人们去参加公民大会，还是有其他我们没搞懂的目的。

## 卸任账目审查（euthynai）

所有在任行政官员的第一要务就是对五百人议事会负责，并通过议事会对公民大会负责。但是，亦如我们所知，所有行政官员任期末尾必须接受卸任账目审查，其所作所为都要受到细察详审。执政官和五百人议事会成员的所有公职人员都一视同仁。由 10 名审计员组成的一个委员会在每个行政年开始以后立即组织审计，有关每个委员会或单个行政官员的审计报告呈递给一个 501 人的法庭，在这个法庭上，即便审计员未做出投诉，任何公民也都可以提出舞弊指控。该程序远不是走过场，行政官员都小心翼翼地保持账目清楚，行为合法。

行政官员是民主制的基本构成部分。所有公务领域似乎都有某个行政官员或行政官员委员会负责；一旦出了问题，人们肯定知道找谁追责。

## 执政官与战神山议事会

克里斯提尼似乎对九执政官的选举或权力未做实质性的正式

修改，但也有例外，九执政官的选举现在据推测应归入新的公民大会或战神山议事会的权限范围。执政官继续从最高财产等级（五百斗级，或许也有骑士级）中推选，据我们所知，现在不再以部落公民大会为参考依据；因此执政官可以来自任何新的部落。

因为在梭伦的改革中，执政官和战神山议事会的权力，以及两者与四百人议事会，还有模糊不清的公民大会之间的关系，一直都非常不清晰，我们能说的也仅此而已。执政官似乎主要专注于法律事务，除了德谟层级已经处理的案件以外，他们继续处理所有其他案件。好像当案件首先提交给执政官时，他们仍然要进行初期聆讯，所有案件都得如此办理，但是所有公民都有权向新的法庭上诉，一如人们向梭伦时代的民众法庭上诉一样，这在公元前 5 世纪成为一种自动的程序。有可能厄菲阿尔特（Ephialtes）在公元前 462—前 461 年将执政官未经提交民众法庭上诉就可直接断案的权力给削掉了，但我们并不清楚实际究竟是怎么回事。然而，总体上，可以有把握地说，假如古老的四百人议事会自梭伦时代就是所有其他行政官员的监督机构，那么执政官的正式地位在这些职责被新的五百人议事会接管时并没有任何变化。

所有的执政官任期届满便继续出任战神山议事会成员，战神山议事会依然是"法律的保护者"，当我们考虑梭伦改革时就注意到，它肯定被赋予了相当多的否决权，不过究竟是如何操作的，我们不得而知。战神山议事会依然是审理杀人案的法庭，但其主要权力在于这样一个事实，即这里云集了大约 150 名雅典最富有和经验最丰富的人，他们无论是集体还是个人的意见都有相当的分量，而且他们无疑使自己的意见在公民大会上得到了有力的表达。此外，出任战神山议事会成员并不妨碍担任其他职务；地米斯托克利在公元前 493 年担任执政官，公元前 490 年又担任将军，很可能后来还曾几度担任将军。

## 陶片放逐法(Ostracism)

克里斯提尼充分意识到了个人权力的潜在危险,于是设计出一个办法让城邦可以驱逐一个正在过度运用影响力的人。但是这个人并没有被当作罪犯;他只是被驱离城邦 10 年,其财产和身份不受影响。该制度被称为"陶片放逐法",因为表决的选票是破碎的陶片(ostraka),在古希腊相当于便条纸。在雅典阿哥拉广场和凯拉米克斯陶工区,大约有 11000 块刻有某人名字的陶片被发掘。然而,很有趣的是,1930 年代,在卫城北坡的一口井里发现的 191 块陶片都仅出自几种不同的陶罐类型,并且都仅以 14 种笔法刻写了地米斯托克利的名字。这显然是一批预先准备用来分发的陶片,发给被游说去反对地米斯托克利的那些人。由于这些陶片被发现时堆在一起,所以很可能是从原来更大的储备中没用完剩下的;陶片制作者肯定高估了群众对地米斯托克利的反对情绪。

首次成功的陶片放逐(被驱逐者是希庇亚斯的亲戚希帕库斯[Hipparkhos])于公元前 487 年实施。总共实施过大概十多次陶片放逐,最后一次是在公元前 417 年,放逐对象是煽动家海柏波拉斯(Hyperbolos)。此法随后被废除。

## 赐业地和殖民地

赐业地(cleruchies)是雅典人在爱琴海一带的重要位置建立的一种特别移民区。虽然没有证据显示这些移民点属于克里斯提尼宪政改革的一部分,但是改革(参见 Meiggs and Lewis 1969, No. 14,卫城碑文残篇记载该事件)仅过了一两年,该制度就首创用于建立萨拉米岛移民点,赐业地管理条例似乎已经作为新民主制早期管理措施之一设计好了。本质而言,一个赐业地就是雅典公民在爱琴海某个岛屿或某处海岸所建立的重要战略据点。多数情况(或许是所有情况)下,土地是从当地居民手上夺来的,而且,当雅典帝国高歌猛进的时候,夺取土地是对某个盟邦反叛之后的一种惩罚性措施。定居者被称为赐地业主(klerukhoi),源于他们被分配到一块土地这一事实;赐地业主简单而言就是"分得产业的人"。赐地业主主要选自最底层的财产等级即日佣级,他们分得一块较大的地产,足以使其跻身双牛级这种高一级的群体。公元前508—前404年建立的主要赐业地有萨拉米(或许是公元前507年)、优卑亚岛的哈尔基斯(Chalkis)(公元前490年)、爱琴海北部的利姆诺斯(Limnos)和伊姆罗兹(Imbros)(都在公元前480年左右)、爱琴海西部的斯基罗斯(Skyros)(约公元前475年)、爱琴海南部的安德罗斯(Andros)和纳克索斯(Naxos)、加里波利(Gallipoli)半岛的切索尼斯(Chersonese)(约公元前427年)、优卑亚的赫斯提亚(Hestiaia)(公元前445年)、埃伊纳(Aegina)(公元前427年)和莱斯博斯(Lesbos)(公元前431年)。赐业地主保留了雅典公民的所有权力和义务,这似乎是赐业地主的一个显著特征,而其他殖民者则成为新殖民地的公民,不过,也必须声明,这种特征未必完全符合事实。这个时期还建立过一些殖民地(非赐业地),如色雷斯的布列阿(Brea)(约公元前445年;雅典卫城厄瑞克忒翁庙[Erechtheum]发现了刻有建立殖民地及其操作流程的记载;参见 Meiggs and Lewis 1969, No. 49)、意大利南部的图里伊(Thurii),以及色雷斯的安菲波利斯(Amphipolis)。两种移民方式都向雅典较贫困阶层提供土地,让其获得好处,但同时也都建立了雅典要塞的网络。

## 城邦财政

我们不清楚克里斯提尼此时实施了什么具体的新财政措施,

其实他的新宪法并未带来更多公共开支,因为很可能公职在大约公元前460年之前是不受薪的。然而,这里总结一下雅典城邦经济是有用的,因为财政考量是民主体制各机构的一项主要工作,且的确在许多政治决策中不可避免地扮演了重要角色。但是不能忘记,绝大多数信息都来自前5世纪的后半部分,克里斯提尼时代则未提供任何详情。

城邦收入主要来自其持有的产业,具体而言包括苏尼翁角附近的劳雷恩(Laureion)银矿,对过往比雷埃夫斯港的货物所征的百分之二的税(在公元前5世纪只有一个百分点),以及法庭的罚没和收费。没有所得税,但外邦人(客居雅典的外国人)和妓女要交人头税。提洛同盟成立后,盟邦每年要向同盟金库缴纳盟捐,最初是460塔兰特,但到伯罗奔尼撒战争开始阶段增加到约600塔兰特。这笔收入当然说起来是同盟防务费,但之后变得越来越名不副实;维持舰队开销肯定不小,但是到公元前431年出现了6000塔兰特的累积结余,不过在战争的最初几年又迅速耗尽了。我们知道就在伯罗奔尼撒战争之前,雅典的全部城邦收入(即减掉盟捐所得)大约是400塔兰特,虽然我们承认这是一种猜测,但这个数字很可能比克里斯提尼时代也增加不了太多。把这个数字转换为更加实在的事例或许有用。据我们所知,在公元前5世纪末,一个工匠日薪为1德拉克马,一年大概工作300天;这个数字在整个公元前5世纪很可能理应稳定有效。1塔兰特等于6000德拉克马,所以400塔兰特足以给8000个工匠付薪一年。舰队开销至少有一部分要各盟邦承担,除此之外,公元前5世纪的雅典城邦主要开销如下:

- 防务,其形式有防御工事,比雷埃夫斯附近的海军基地维护,服役士兵的军饷;
- 宗教节庆的组织和神庙维护;

- 公共设施和建筑；
- 大约公元前 451—前 450 年之后，五百人议事会成员和执政官的薪水，及法庭开庭的支出。

其中最大的变数是军费。当全面战事展开时，军费大增，需要设法应付；雅典在公元前 425 年的应对之策是把盟邦的盟捐提高到每年 1400 塔兰特以上；6000 塔兰特的盈余已在 6 年里耗光了。

但是，雅典经济的组织还包括一种更基本的特征，这就是所谓的公益捐（leitourgia）制度，通常按发音译为"宗教礼仪"（liturgy），但意思反而很混乱。该词意为"公益"，这是对其本义的精确描述。其实是指富人每年要自掏腰包完成某些城邦任务。我们不清楚这个制度始于何时，但在克里斯提尼之前未曾听说，似乎在公元前 5 世纪初期才牢固确立，所以其作为克里斯提尼改革的部分内容，很可能是在公元前 5 世纪才至少以明确无疑的形式开始推行。

公益捐涵盖两个领域的责任。第一类是向繁多的城邦宗教节庆的张罗开销进行捐助的义务，这包括大戏剧节，其捐助称为"戏剧捐"（choregia），要求富有的金主赞助戏剧合唱队的排练和服装道具。我们知道公元前 472 年伯利克里是埃斯库罗斯的《波斯人》的赞助人。每年要完成总共大概 100 来项"戏剧捐"，有些花费不多，有些则开销不菲。第二类就是所谓"战船捐"，这要一个人真正去做一艘三层桨座战船的船长（不过船长总有一名舵手，是经验丰富的负责人），维护战船一年，但造船和船员的费用由城邦支付。从公元前 480 年代开始，雅典舰队的规模不低于 200 艘三层桨座战船，所以每年至少要征 200 名船长。

公益捐是相当沉重的负担，往往一年要花费 1 塔兰特或更多。同一人不可连续两年或一年两度被要求交纳公益捐。然而，伯罗奔尼撒战争期间，战船捐还是难以承受，每艘三层桨座战船的指挥权由两人分担，每人做半年船长。战船捐仅摊派给公民，但是戏剧捐也摊派给富裕的外邦人。戏剧捐由执政官摊派,或由组织节庆的部落来负担,战船捐由将军摊派,假如某人觉得有人比他更富有,此富人本应该承担自己那份公益捐,那么他可以提名那位富人,被提名者要么必须承担那份公益捐,要么就得跟提名人交换财产。我们其实并不知道有任何此类财产交换案被相关人爽快答应,但是我们的确知道几宗案例,被提名者把提名者告上法庭,不过我们不知道任何一宗案件的判决结果。尽管有如此大的经济代价,但多数富人仍然对其所承担的公益捐(很多人肯定多次被摊派过)感到骄傲,而且相互攀比。我们发现这个公益捐制度的有趣之处在于,每年肯定有几百人(包括外邦人)被征多达1塔兰特(有时会更多)提供给某项公益事业。

## 德 谟

迄今为止,凡本章所述内容都将城邦政府视为一个统一体。但也别忘记,以上描述的整个架构都依赖于139个德谟中每一个德谟的有效组织。根据阿提卡一带的大量碑文,再加上各种文献记载,我们可以获得德谟运作的清晰画面。早在克里斯提尼之前,德谟就已经被视为组织单位。在乡村(我们必须记住,雅典城的人口只占总人口的一小部分,其他人口都分布在阿提卡乡村),一个德谟实际上就是一个村庄及其周边地区,德谟之间的边界不一定划分明确。在城市里,一个德谟无非是一个被命名的城区,这在多数城市里反映的是一种早期历史,各个城区原来也是比较明显的村庄单位。克里斯提尼利用德谟作为新政体的基本单位;每位公民必须在自己被视为成员的德谟登记,此后该公民及其子孙后代按正常情况就一直保留该德谟成员的身份,即使他们移居到阿提卡的其他地区也不会改变;这就解释了为什么德谟不是严格的地理单位(只是在公元前4世纪之前不是);而实际上是对某个特定的部落怀有某种忠诚感的公民组合,因此德谟包括一个被命名的地方为其核心,但人员也分散得很开,只不过大家都因家族或其他原因把自己归属到某个特定的德谟。

每个德谟都有一名德谟长(demarkhos),德谟的政治首领,该职位由克里斯提尼创立。德谟长一年一选,可能最初是投票,后来改为抽签(或许始于公元前451—前450年)。大的德谟还设有另外几份职位,主要是财务和宗教官员,但是较小的德谟显然德谟长就可以胜任所有工作。每个德谟有一个德谟长任主席的公民大会。该公民大会一年至少开会一次,较大的德谟很可能一年要开几次会。

德谟长的主要任务,归根到底也是公民大会的主要任务,可以总结如下:

- 对德谟的所有公民保留准确的记录。这是一项基本任务,因为德谟成员登记实际上就是雅典公民身份登记。德谟有义务审查每个公民登记的有效性。
- 执行有关地方神祇崇拜的各种职责,包括维护神庙、节庆、献祭以及对圣地的租金收取。
- 代表城邦组织海军征兵(虽然战时由部落来组织这项工作,但是实际上是由德谟来决定谁该在某个时候被选去服役),代表城邦完成某些宗教礼仪并收取一般由城邦征收的某些税项。
- 选出每年五百人议事会给本德谟配额的议事会成员。我们不知道这是怎样具体操作的,但是的确好像甚至在德谟层面上至少出现过某种抽签,或许毛遂自荐者多过德谟的议事会成员配额时出现抽签;不过也可能所有合格者都参与抽签。
- 批准为本德谟的杰出公民(特别是那些为无数宗教节庆捐

钱的公民)刻碑纪念。从保存下来的碑文数量看,这似乎是德谟公民大会的一项重要工作。

一如所有民主制机构,官员对全体公民负责,德谟公民大会每年对德谟的离任官员进行卸任账目审查。

德谟层级的民主制是雅典生活的一个重要特征,也是城邦层级的民主机构极佳的训练场。

## 克里斯提尼何以如此作为?

克里斯提尼的名字永远跟雅典民主制的创立联系在一起。虽然梭伦的改革已经缔造了民主制的一个版本,特别是创建了一种由公民集体控制的司法制度,庇西特拉图父子的僭主统治已毫无疑问地钝化了民主制的锋芒,而克里斯提尼的改革走得很远,把城邦置于公民的集体权力之下。而由克里斯提尼领头的阿尔克米翁尼德家族鲜有追求民主理想的声誉,一些晚辈似乎对民主制不再抱有热情。人们不禁会问克里斯提尼在多大程度上意识到其改革可能导致的后果。

克里斯提尼从公元前508年的放逐归来后,无疑受到其非贵族支持者的巨大压力,去制止贵族世家之间无休止的争斗。当时出现过什么谈判,我们一无所知,但是人们也怀疑有不少艰难的讨价还价和妥协,后来这些过程被遗忘,只是因为民主制奏效了,并且与克里斯提尼的名字联系在一起。值得注意的是,克里斯提尼为执政官保留了相当有权的地位,而作为退休执政官任职的战神山议事会依然有崇高的威望,这种情形哪怕仅在克里斯提尼改革后维持了大约20年也不简单。或许他将执政官视为五百人议事会和公民大会新权力必要的陪衬。我们在某些细节上看到了当时建立的十部落制度,毫无疑问,该制度的确从那时开始一直到民主制有效实施期间,都非常有成功地阻止了贵族家族对雅典的支配。克里斯提尼很可能在新的架构中设法替自己家族保留某种权力基础,正如我们所见,这是通过对雅典以南的其家乡地区的三一区——可能还有东部海岸地区的三一区——加以审慎而巧妙的控制来实现的。但是,如果克里斯提尼希望借此为阿尔克米翁尼德家族创造出真正的有利条件,那么他及其家族都注定会失望,因为很简单,这种操弄并不足以获取多人的实质性控制权。新制度运行得太成功,执政官的权力很快就会被视为不正常。民主制中脱颖而出的领袖们不需要贵族及其随从的支持(有些人确实也获得了他们的支持),而是靠自己游说德谟、部落公民大会、五百人议事会和公民大会的能力去获取自己的地位。伯利克里就属于这种情况,他娶了阿尔克米翁尼德家族的女子,当时其他人也会这么做。

另一方面,克里斯提尼可能已对激进民主制的正确性深信不疑,他不乏远见地设计出一种具有自发动力的架构,并让公民集体来决定自己的未来。这也是克里斯提尼的主要声誉所在。我们或许有理由怀疑他是否真的如此看问题。

# 第三篇　民主制：后期的改革

约翰·索莱

雅典公民很快就以高度的激情习惯于民主制了。克里斯提尼的新部落制度，还有配套的五百人议事会、公民大会、行政官员职位，法庭及整个军事架构一直到伯罗奔尼撒战争结束时都没有根本变化（除了公元前411年的寡头革命以外），之后在公元前4世纪后期略有些许变化。

然而，变化还是有的，对于公元前5世纪至伯罗奔尼撒战争期间出现的主要变化，我们将加以细究。所有变化的方向都是强化全体公民的控制与参与。

## 执政官与战神山议事会

克里斯提尼并未触动执政官的正式地位，也同样未改变战神山议事会的权力或构成，自梭伦时代开始，每年就有上一个年度卸任下来的九名执政官加入该议事会，所以这是一个由资历很深且财力雄厚之人组成的德高望重的机构。

执政官的主要职责是司法；他们要么躬亲审案，要么支持一个或多个法庭的庭审。对于这些职能工作的地位，克里斯提尼并未做出实质性改变。但是，现在的十将军任命是从各自部落选贤与能,这对军事执政官的地位产生了很大影响。军事执政官本人无疑以骁勇善战而当选,不过,他从前带领的是古老的爱奥尼亚部落的四个部落团,每个团由一个资深贵族领导,此人与军事执政官属于同一类贵族,而且很可能还彼此熟悉。军事执政官现在发现自己成了十将军的正式首领,每位将军由其部落公民大会任命并效忠其部落,即便他出自某一贵族家族,其效忠对象仍然是其部落,而非其家族。

马拉松之战似乎很可能促发或至少推动了对克里斯提尼宪法的首次大改动。虽然在马拉松之战中,卡利马科斯(Kallimakhos)很可能仍然是总司令,但显然,根据希罗多德时而混乱的叙述(vi 102ff.),真正负责的是十将军,特别是米太亚德(Mitiades),其声望如此之高,以至于成了实际的司令官。马拉松之战比以往都更加清楚地显示,每个部落按军事才华而任命的十将军并不需要一个军事执政官做他们的总司令。我们并不十分清楚除了越发显得多余的军事执政官之外,还有什么政治影响因素在发挥作用,但是在公元前587—前486年,可以肯定,九执政官已在当时用部落提供的500人候选名单(推测每个部落提供50名)抽签选举了。这意味着军事执政官同其他执政官一样,不再选贤与能,而必然立刻变成无实权的挂名首长,很可能只有在必要时才能按某种要求去代表将军们的利益。就其他执政官而言,这种变化对他们实际所为的影响并不太严重,因为即便在这项改革之前,他们也不是特别依据其法律专长而被选出。500名候选人名单这个数目实在太大,细想起来也觉得有趣;这项措施保证执政官确实可以从很大一群人中随机选出,这些人都属于有资格入选的财产级别,现在可以相当肯定,即五百斗级和双牛级这两个高级群体。

不过,这对战神山议事会的远期效果还是不小,这一点想必在提出改革建议的那些人心中也蓄意已久。由于进入战神山议事会的平均年龄很可能介于40至50岁,改为抽签选举后要不了多长时间，战神山议事会的构成就会发生变化，其成员先前享有的地位和声望也会随之改变。10年之后，很可能约有半数成员由抽签选出，20年之后，凭自身优势入选的成员（或者更准确地说，是那些被更富有的财产等级偏爱且被公民大会认可的人）则将寥寥无几。这个时间跨度意义重大。

公元前462—前461年，厄菲阿尔特（Ephialtes）这个我们所知甚少的坚定民主派向公民大会提议，要求剥夺战神山议事会的大多数权力，理由是其许多权力都是"争取而来的"。他这项提议的时间选得很巧。公元前462年，奉行亲斯巴达政策的客蒙（Kimon）已经得到公民大会许可，派出4000重装步兵赴伯罗奔尼撒半岛帮助斯巴达镇压奴隶反叛（结果未成功）。那4000名比较富裕的公民并不在场，假如在场，他们原本会反对这项措施，而厄菲阿尔特的提议被公民大会接受了。厄菲阿尔特所谓"争取而来的"究竟是什么意思，我们并不清楚，但可以猜测是战神山议事会曾获取梭伦或克里斯提尼的改革中并未正式包含的权力（具体指什么权力我们也不得而知）；其实，人们所质疑的战神山议事会的宪法权力，无论是梭伦，还是克里斯提尼，都从未正式界定。自从梭伦作为"护法者"的时代开始，战神山议事会就明确拥有一项权力，即一旦五百人议事会或公民大会，或任何行政官员出现"违宪"行为或提议准备"违宪"，战神山议事会都很可能被授权干预并实施否决权。我们没有关于这项权力的具体实施证据，但可以肯定，这项权力是战神山议事会持久影响力的基础，还可能被滥用以干预民主制运作，这正是厄菲阿尔特所抱怨的。无论具体情况如何，在公元前462—前461年，厄菲阿尔特通过了限制战神山议事会权力的措施，事实上剥夺了其所有的控制与监督权，仅保留其作为审判人命案及某些渎神罪的法庭。在上演于公元前458年的《欧墨尼得斯》（Eumenides）中，埃斯库勒斯详细描述了战神山议事会，将其说成是一个由雅典娜亲自设立的极为庄严的法庭，最初的目的是审判俄瑞斯忒斯(Orestes)，但后来作为人命案法庭永远续存了下来。剧中，雅典娜亲自出场设立战神山议事会。

> 雅典娜：雅典人啊！当你们现在开始审判这第一宗杀人案时，倾听本法庭的创立规章。从今天起，本司法委员会将替埃勾斯(Aigeus)的族人审理每一起这类案件。此乃其永久的所在地，战神阿瑞斯(Ares)之山。

虽然该剧肯定不是政治宣传广告，但埃斯库罗斯本人出身贵族，他给人的印象就是在力图维护一个被严重摧残的机构的尊严。然而，战神山议事会的政治权力已不复存在。公元前487—前486年引入的九执政官抽签选举制已对其新成员的产生范围和素质有所改变。好像即便在薛西斯入侵的公元前480年，战神山议事会也依然保持相当高的威望，当时多数成员仍曾经是直接选举任命的执政官。但是萨拉米海战之后的一代人则对三层桨座战船充满信心，成千上万的普通公民操作这种战船掌控着新的雅典帝国，民主制的成功显而易见，那代人把战神山议事会视为一个异数，因为其抽签入选的成员还在增加。厄菲阿尔特对战神山议事会的改革在许多人看来无疑是水到渠成的事。改革后不久，或者可能就是改革的一部分内容，执政官职位以及与此相关的战神山议事会都向双牛级人士开放了，此前仅向更高的两个财产级别开放；战神山议事会已经民主化。可能就在这一时期，执政官不用提交陪审法庭就可以自己审案的权力被移除了。所有案件自动提交陪审法庭的做法似乎已成当时的惯例，这种改变与厄菲阿尔特的改革一脉相承。

## 违法法令诉讼法(grahpeparanomon)

现在，战神山议事会不再是"护法者"，不再负责保证维护宪法了吗？这个问题通过引入"违法法令诉讼法"来解决。如有公民在公民大会上提出与现行法律相冲突（现行法律的公开修正案的提案除外）或是程序不当的议案，其他公民都可以对提案人采取行动（提起公诉）。随后，这种诉讼案通常会和任何公诉案一样，按程序由一个501人的陪审团组成的法庭去审理。如果被诉提案尚未得到公民大会批准，法庭断案前则暂缓执行；如果提案经公民大会批准（的确发生过），法庭可以废除公民大会的决定。在任一情况下，一旦违法法令诉讼者赢得官司，他都会领到一笔赏金，而违宪提案的动议者则会被课以罚款。不过，一如所有的公诉案审判，提告人一旦未获得法庭至少五分之一的表决票数，就将承担1000德拉克马罚金并丧失公民权的风险。这个制度肯定比战神山议事会的宪法监护者更加民主，不过其效率和客观性也令人怀疑。

厄菲阿尔特剥夺战神山议事会"护法者"角色的同时，推出了"违法法令诉讼法"，这似乎符合逻辑。事实上，首次记载"违法法令诉讼法"的实施始于公元前415年或再早一点，大概是在厄菲阿尔特改革的45年之后。这可能表示在改革之后的若干年里，这种事情根本就没被当成一个问题，"违法法令诉讼法"或许是在伯罗奔尼撒战争期间推出的，当时涉及宪法先例的问题变得尤为尖锐。但是我们所掌握的关于公元前5世纪的记载远谈不上完整，依据沉默史料去申辩并非明智。剥夺战神山议事会"护法者"的角色显然非同小可（此事及相关的立法很可能是导致厄菲阿尔特于公元前462—前461年之后不久被刺杀的主要原因），厄菲阿尔特此时不采取措施填补宪政缺口反倒不太可能。直到伯罗奔尼撒战争深入阶段才有记录显示"违法法令诉讼法"的实施，很可能更应该假定这并非出于偶然。

厄菲阿尔特一直是一个模糊的人物，关于他在公元前462—前461年的改革，我们得到的描述也不连贯。就宪法改革的逻辑而言，似乎战神山议事会改革和"违法法令诉讼法"的推出都属于一揽子改革的一部分,但必须承认,改革过程可能不会真的十分顺畅有序。有一点值得注意,伯利克里在 30 岁出头的时候正逢厄菲阿尔特改革,他与厄菲阿尔特紧密合作,一同贯彻改革。

## "德谟法官"的创立

庇西特拉图曾推出"德谟法官"来处理地方上的小纠纷,但是这种职位后来一直销声匿迹,直到公元前 453—前 452 年才又再度兴起。这次任命了 30 个德谟法官。我们无法掌握进一步详情,但是从这个数字看,好像每个三一区有一个名额。可以推测,这些法官是司法体系的第一层级;如有必要,案件可以呈递给相关的执政官,然后提交给雅典的法庭。

## 陪审法官、行政官员及五百人议事会成员的薪酬

一如我们所知,克里斯提尼对法庭的改革要求每年有 6000 名公民登记为陪审法官。但是做陪审法官的投入相当可观;对于认真敬业,一大早就到场接受抽签挑选的入场者,每年可能有 200 个开庭日。诚然,如果陪审法官有更紧迫的事务,他们就不会到庭,但是制度显然照顾那些在开庭日负担得起自己生计的人。厄菲阿尔特改革之后几年,很可能大概在公元前 451—前 450 年,伯利克里就推出了陪审法官薪酬。薪水为每日 2 奥卜尔(6 奥卜尔等于 1 德拉克马),或者只是在伯罗奔尼撒战争初期,加薪增至 3 奥卜尔,2 奥卜尔很可能是公元前 451—前 450 年规定的薪酬标准。这是一个人最基本的生活开销,如果要养家肯定不行,但这是一种尝试,旨在鼓励哪怕是最贫穷的公民也主动投身做陪审法官;薪酬制的确取得了预期效果。

似乎就在同一时期，或许稍晚一点，行政官员和五百人议事会成员的薪酬制也出台了。虽然我们无法了解这一时期的具体情况，但是很可能他们按日受薪的标准同陪审法官是一样的。

## 公民资格

就在公元前451—前450年，伯利克里执行了一项法律，规定以后只有父母双亲均为雅典人的人才能获得公民资格；此前父亲为雅典人就足以确认公民身份。其效果当然是缩减未来公民的数量，但影响并不是太大，该措施似乎更可能出自伯利克里迎合大众欢心的努力。这确实产生了效果，使公民身份的权利和特权具有一定的排他性，虽然这种措施无疑离间了少数人，但却赢得了大多数公民的支持，因为他们自视为一个颇具排他性的社会。这可谓聪明的政治手腕，但是后来伯利克里也自食其果了。大约在公元前445年，他离弃妻子，与来自爱奥尼亚的米利都女子阿斯帕西亚（Aspasia）同居并生了一个儿子，也叫伯利克里，当然也不算是雅典公民。事实上，伯利克里于公元前429年死于瘟疫之后，小伯利克里才被授予公民身份。小伯利克里成了公元前406年阿吉纽西（列斯堡岛附近）海战的倒霉将军之一，在战后与其幸存的同僚将军一起被处死。

我们从以上内容留意到，所有这些在公元前5世纪发生的变化都指向更加广泛的公民群体参与。我们也留意到伯利克里很可能都有参与，先是协助厄菲阿尔特，然后再成为雅典的民主派领袖。

## 立　法

伯罗奔尼撒战争之后，在立法领域出现了程序性变化。自克里斯提尼时代开始,新法律都以提案的形式递交给公民大会,由公民大会以简单多数表决来决定提案是否应该成为法律。在公元前410年,即发生寡头制革命的公元前411年之后,民主制已经恢复,雅典开始推行全面的法典编撰工作,并成立了一个特别任命的法律委员会(nomothetai,该词几乎与 thesmothetai 同义,后者指九执政官中的六人司法委员会,但是新的委员会需要一个新的称呼)来执行这项任务。这是一项重要工作;实质上要求对德拉古和梭伦的法律(在公元前5世纪末仍然是私法的主要来源),以及自克里斯提尼改革开始公民大会通过的所有法律做一个完整的汇编,公民大会通过的这些法律本身也是这次法典化的一部分。这项任务直到公元前400—前399年才告完成。全面法典汇编公布后,推出了一个新程序,规定所有经五百人议事会和公民大会初步讨论过的立法提案都要提交给一个法律委员会(这个同样的称号被用来称呼一个现在成为例行程序的新的委员会),该委员会从每年登记做陪审法官的6000名男性中抽签选出,他们都举行过就职宣誓。法律委员会的程序运作实际上跟法庭一样,对于新法律提案有正反双方的演说。然后法律委员会对每个新提案投票表决,其结果是决定性的。乍看这似乎是对公民大会权力的缩减,但事实并非如此,因为公民大会仍然决定提案是否提交给法律委员会。这个程序免除了公民大会许多枯燥的日常技术性公务,公民大会的议程排得实在太满。

# 第四篇　公元前5世纪民主制的传播

詹姆斯·奥尼尔

到希波战争时,民主政制已经至少在某一短暂时期在若干城邦建立起来了。在雅典和开俄斯(Chios),最原始的民主类型已成为公元前6世纪初政府的常规形式。公元前5世纪初,厄利斯(Elis)建立了民主制,我们将看到,在整个公元前5世纪,厄利斯的民主制政府都续存不灭。科西拉(Corcyra)民主制建立的日期不得而知,但公元前5世纪后期,科西拉政府形式为人所知的时候就是民主制了。所以说,在公元前480—前479年的希腊世界,民主制不再是一种实验,即便是一种罕见的政府形式,也算是根基深厚了。

正如我们在前一章所见,民主制也区别于公元前6世纪末其他改革过的政制。公元前6世纪后期,政治权利平等(isonomia,基于权利平等的政府)①的提法已经出现,同时,在公元前5世纪初期,民主(人民掌权)的提法也出现了。

在公元前5世纪其余时间里,这种新型政制以两种相关联而又有所区别的方式,得到实质性发展。首先,无论是短暂还是长期

---

① 严格地讲,"政治权力平等"是对政制的描述,见 M. Oswald, *Nomos and the Beginnings of Democracy*, 97, 105。

建立民主制的城邦数目都大幅度增加,民主政党在更多的城邦出现。其次,在一些城邦里,民主制的内部演变高度发展,其民众机构、公民大会、陪审法庭及民众管理委员会在决策方面扮演了主要角色。我们可以在此观察到终极形态的民主制。我有意在下一章里分开讨论终极民主制的兴起,而本章则专注于公元前5世纪希腊初期和中期形态的民主制传播。

## 厄利斯和开俄斯

波斯战争后,厄利斯继续维持民主制,且经历了一系列可能加强城邦民主力量的变化。前471年,城邦出现了一次村镇联合——即把分散的村落合并在一个小的中心——这可能会把较低等级的人聚集在新的城市中心,并使他们更容易一起行动。① 普鲁塔克告诉我们(《道德小品》,805D),不知什么时候,厄利斯的福尔米翁(Phormion,此人未在其他记载中出现)像雅典的厄菲阿尔特那样,削减了贵族议事会的权力,并因此获得权势。这个变化更可能出现在后期的厄利斯,而不是在雅典,我们不应假定普鲁塔克的类比超出他强调的要点。他无需暗示福尔米翁使厄利斯成为激进民主制城邦,我们也将看到,虽然厄利斯的民主制有一些激进元素,但绝不是彻底的激进民主制。

有证据显示,在公元前5世纪某个时期,厄利斯出现部落改革,这可能对应福尔米翁的议事会改革。世纪之初,厄里斯曾有一个五百人议事会,但到了公元前420年,议事会的人数增至600

---

① Diodoros XI 54 1, J. L. O'Neil, "The Exile of Themistokles and Democracy in the Peloponnese", CQ 31(1981), 339; 时间上对应地米斯托克利在伯罗奔尼撒的活动,但性质是反斯巴达而非亲民主的,因为地米斯托克利的许多伙伴是非正宗希腊人寡头。

人——这可能表示其 12 个部落各有 50 名议事员。①

就在同一时期,厄利斯首席执政官,即最有权的人,被两个可以合议的委员会所取代,一个是执行委员会,另一个的称号与旧的执政官叫法差不多(Thucydides,V47)。对行政官员权力的一再分散,就像议事会改革一样,可能标志着民主制权力的增长,以对抗很可能在厄利斯行政官员中占多数的贵族。

然而,尽管普鲁塔克把福尔米翁和厄菲阿尔特加以比较,这看起来与其说像厄菲阿尔特的改革,倒不如说更像克里斯提尼在雅典的改革。公元前 420 年,雅典及其三个伯罗奔尼撒盟邦(厄利斯、阿尔戈斯和曼提尼亚)针对斯巴达成立的四国同盟中,厄利斯的执政官比议事会成员有更突出的地位,而雅典的情况则正好相反(Thucydides,V47)。此外,公元前 5 世纪晚期,厄利斯的行政官员所履行的职能属于同时代雅典终极民主制的民众议事会的职能。要奥林匹克裁判官和达米欧吉亚(damiorgia,字面意思是"公仆")才可以在首席行政官和国王有不义行为时对他们施以处罚。这些负责监督的执政官自己又要接受审查,但可能是其他执政官来执行,而非审查院审查官。现有的证据无法使我们确认这件事,但是公元前 5 世纪,厄利斯民主制由行政官做决策,这一点已经很清楚了。伯罗奔尼撒战争后,厄利斯出现了危机,斯巴达人因为厄利斯人退出战争而执意惩罚他们,这也暗示厄利斯已经朝终极民主制发展,但尚未达到人民完全控制决策权的程度。平民由色拉叙达俄斯(Thrasydaios)领导,而那些寡头们相信色拉叙达俄斯被刺杀就会使平民无法采取行动。平民离不开色拉叙达俄斯的看法最初似乎正确,但当走漏风声传出寡头们杀错了人,色拉叙达俄斯

---

① Thucydides V 47;关于厄利斯的 12 个部落,参见 Paus. V9,4。鲍桑尼亚(Pausanias)就此事所给出的年代并不可靠,参见 A. W. Gomme et al., *Commentary on Thucydides*,IV,60。

已经从醉态昏迷中苏醒,平民就聚集起来驱逐了那些寡头(Xenophon, *Hellenika*, III, iii, 27—29)。当时的色拉叙达俄斯看起来像一个煽动家,可被视为终极民主制的一个符号。① 但是,在一个终极民主政体,失去一个领导人就让平民不知所措,这似乎不太可能:当伯利克里失去领导权后,雅典人行事可能没有那么周全(如修昔底德认为,II 65),但伯利克里死后,民主政体依然如故。色拉叙达俄斯在厄利斯的地位表明,那里的民主政体还稍欠成熟。

很明显,厄利斯的民主制在公元前5世纪里经历了一系列变化,但是我们不再可能明确这些变化的具体性质,以及出现的先后顺序。厄利斯的民主制变得更加激进,但似乎还没有发展到雅典那种程度。

开俄斯出现的更早期的民主制形成了一个鲜明的对照,因为那里的民主制看起来一直变化不大。爱奥尼亚人反叛之后民主制曾被推翻,因为我们发现僭主斯特拉提斯(Strattis)(据推测是波斯人强加的)在公元前479年统治该岛。直到公元前412年,开俄斯人图谋反叛雅典,才出现相关的证据。修昔底德指出,发动反叛的是少数人(估计他指的是"那些寡头们"),是"议事会"作出寻求结盟斯巴达的决定。尽管得到批准,但未经公民大会决定,该岛不能脱离雅典。因为在少数人未确认伯罗奔尼撒舰队的支持之前,不敢告知公民大会其反叛计划,而公民大会要对雅典自证清白时甚至派船前往雅典表忠心,当亚基比德保证伯罗奔尼撒舰队已在赶来的路上时,公民大会才同意反叛。② (实际上,舰队已被阻挡

---

① 亚里士多德在《政治学》1292a 7f 中说:依法治国的民主政体是没有煽动家的,即煽动家出现于终极民主政体。但是,在 1305ba7 中,他告诉我们,多数僭主曾经是煽动家和将军,而在 1305b24 中,他又讨论了寡头是如何被煽动家搞垮的。煽动家可能是终极民主制的典型现象,但也不局限于终极民主制。所以,煽动家并非是城邦终极民主制的证据。

② Thucydides, VIII 9—14;关于少数人的角色,参见 9.3;关于议事会和公民大会,参见 14.2。

在斯佩里亚恩[Speiraion])。开俄斯显然仍被一个平民有最终决策权的政体所统治,但只有在涉及最重要的决定时才实施这种权力。决策权的重心还是在议事会,而在公元前412年,议事会已被偏爱寡头制的人控制。这似乎类似公元前6世纪开俄斯"平民议事会"的角色,唯一的不同是寡头主导。①

一个商船水手的阶层成为开俄斯的主流,②这似乎限制了公民大会的作用,这些人很难经常出席大会,议事会的势力得以增强,基于同样的理由,容易使底层人士的代表名额不足。不过,我们不应该把公元前412年的反叛视为开俄斯出现阶级冲突的证据。一旦时机成熟,无论是寡头还是公民大会都有反叛之意。所不同的是,寡头们更乐意寻求斯巴达的帮助。我们将看到,严重的阶级冲突爆发,仅仅是因为开俄斯的两个阶级都严重低估了公元前412年与雅典决裂的代价。

## 恢复的民主政体

若干城邦一度建立过短暂的民主制,虽然它们在波斯战争前瓦解了,但民主制却以更牢固的基础重新确立了下来。这些城邦有阿尔戈斯(Argos)、叙拉古(Syracuse)、昔兰尼(Kyrene)和墨伽拉(Megara)。

我们将会看到,最早的民主制建立于阿尔戈斯,这是输掉色佩亚(Sepeia)战役的后果,一旦旧的统治精英人数增长,重拾信心,

---

① J. L. O'Neil, "The Constitution at Chios in the Fifth Century", *Talanta* 10(1979), 43—47; T. J. Quinn, "Political Groups at Chios: 412 B. C.", *Historia* 18(1969), 22—30,该文试图证明开俄斯存在平行的民主制和寡头制机构,但并未说明二者如何一起运作。更恰当的结论是,开俄斯是一个最早的民主政体,但同时也容许上层社会有相当的影响力。

② 亚里斯多德,《政治学》,1318b 10。

民主制就会被推翻。然而，到公元前 5 世纪后半叶，我们在阿尔戈斯再度发现了民主制政府。没有直接证据显示新的民主制于何时建立，但是在世纪中叶的可能性似乎很大。①

有学者认为，恢复后的阿尔戈斯民主制给予重装步兵公民政治权利和出任高级公职的资格。② 然而，这不过是一种揣度，根本没有证据予以支持，无论是公民范围的扩大，还是雅典对新阿尔戈斯民主制的影响，都使这种情况不太可能出现。在公元前 6 世纪，阿尔戈斯仅有 3 个多利安部落，希莱人(Hylleis)、潘菲利人(Pamphyloi)和迪曼人(Dymanes)，但到公元前 5 世纪后期，第四个部落叙尔纳提奥(Hyrnathioi)加入了进来。③ 陶片放逐法(亚里士多德,《政治学》,1302b18)的采纳和将军委员会作为首要执政官的出现(修昔底德,V59,5)都可被视为雅典的影响。公元前 420 年的"四国同盟"把议事会列于行政官之前，这与雅典的做法一致，但跟厄利斯和曼提尼亚相反，说明了议事会在阿尔戈斯民主制运作中的重要角色，或许也是受雅典影响的一个迹象。然而，这种影响似乎来自克里斯提尼的雅典民主制，而非当时雅典的终极民主制。

与阿尔戈斯议事会并列，仅次于议事会，对城邦而言显然第二重要的机构叫做"八十人委员会"，他们主持所有群体对同盟的宣誓。这个机构最好被理解为贵族元老院，如厄菲尔特改革前的雅典战神山议事会(Areipagos)，其行政功能在阿尔戈斯一直延续

---

① W. G. Forrester,"Themitocles and Argos", CQ 10(1960)231,240,该文声称民主制终结于大约公元前 468 年，又于公元前 457 年恢复。但这样一来，贵族政府的许多著名事件就只能是都发生在这中间短暂的 10 年里，参见 J. L. O'Neil,"The Exile of Themistokles and Democracy in the Peloponnese", CQ 31(1981),341。

② R. A. Tomlinson, *Argos and the Argolid*,193；A. Lintott, *Violence, Civil Strife and Revolution in the Classical City*, 89.

③ N. G. L. Hammond,"An Early Inscription at Argos", CQ 10(1960),33—66. M. Woerrle, *Untersuchungen zur Verfassungsgeschichte von Argos im 5. Jahrhundert vor Christus*, 11.

到公元前3世纪。①

我们也发现阿尔戈斯的行政官员比其雅典同行具有更大的影响力。公元前418年,一个名叫特拉叙洛斯(Thrasyllos)的将军同斯巴达使节阿尔基弗龙(Alkiphron)一起,与阿吉斯(Agis)协商出一项休战协议,这很可能出自斯巴达争取阿尔戈斯的计划。阿尔戈斯人在战场上服从命令,但认为特拉叙洛斯越权,对其判以石刑处死并没收其财产。② 行政官员显然无权推翻阿尔戈斯人民的决定,这里具体指与斯巴达人战斗的决定。然而,行政官员肯定运用了比尼基阿斯在西西里更大的主动权(即便他发现大祸临头,也不会下令撤退),但特拉叙洛斯在无人民授权的情况下,自己下令,在尺度拿捏方面犯了错。

按阿尔戈斯的法规,议事会主席具有突出地位,有一个法令甚至把议事会当作亚里斯吞(Ariston)身边的议事会,③这很能体现主席所起的作用。相比之下,雅典议事会主席按日轮值,以避免个人地位过于突出。更奇葩的是,公元前421年任命的十二人委员会全权负责与除雅典或斯巴达以外的城邦签订条约,签约前无需请示阿尔戈斯人民(Thucydides, V27,2;88,1)。这种权力下放,在希腊城邦实属罕见,人们不免再次以此对比尼基阿斯全权独断者的可疑地位,他当时被授权下令从西西里撤军,而他对自己的权力并不敢十分肯定,人们想借此否认当时的阿尔戈斯是终极民主制。

公元前418年,阿尔戈斯与斯巴达握手言和,后来转变为某种

---

① Busolt, *Staatscunde*, 363. Woerrle, op. cit., 57f; Tomlinson, op. cit., 196;参见 W. Vollgraff, "Novae Inscriptiones Argivae", *Mnemosyne* 44(1961),221,line 30。
② Thucydides V,59—60. 关于其动机,见 D. Kagan, "Argive Politics and Policy after the Peace of Nicias", *CP* 57(1962),241f.。关于政制的观点,见 G. E. M. de Ste. Croix, "The Alleged Secret Pact between Athens and Philip II", *CQ* 13(1963),114 n. 2,该文作者指出,根据雅典法律,民主制政府不可以缔结有约束力的秘密协议。
③ IG IV,554;参见 SEG 11,1089;13,240;17,143。

同盟，其意图是破坏阿尔戈斯民主制。阿尔戈斯常备军本来是招募来保卫国家的，却发动了一次得到斯巴达支持的寡头政变。这些寡头试图暴力镇压平民，但是当斯巴达人忙于欢庆吉姆诺佩第节(Gymnopaidiai)的时候，平民发动了对政变的反击，此后阿尔戈斯一直保持着民主制。①

德诺门尼(Deinuomenid)家族僭主统治衰亡后，叙拉古也恢复了民主政体。起因是赫农(Hieron)之弟与一个侄子之间的继承权之争，由此触发平民起义，驱逐了这两人。② 这种民主政体不同于以前的体制，对贫富阶层都容纳，一开始还容纳了僭主的前雇佣军，这些人已经被僭主授予过公民权。正如公元前6世纪需要一个广泛的联合阵营才能推翻昔兰尼的巴蒂亚德(Battiad)王朝君主制，一个类似的大联合阵营才能推翻叙拉古军事僭主。类似的民主政体在西西里其他城邦也建立了起来，这些城邦原来受制于赫农。

然而，一旦目标达成，联合阵营很快瓦解。首先，原住公民实施新规，禁止新公民担任公职。③ 这类似于把亚里士多德的第三级民主制倒退到第二级民主制的改变。然而，前雇佣兵不接受这种局面，并发动内战，致使他们被除墨西拿(Messana)以外的所有西西里城邦驱逐(Diodoros, XI, 73, 76)。这些人在墨西拿定居说明他们人数不多，但是战斗力比西西里本土的重装步兵强很多。

来自外部的威胁似乎让原住公民团结在一起，这些威胁一开始是来自德诺门尼家族，然后是前雇佣军，最后是杜克蒂奥斯(Douketios)下面的西克尔(Sekel)暴动(Diodoros, XI, 88, 6)。然而，这些威胁一经消除，贫富之间的对立又会再度出现。与雇佣军的战争结束后，西西里城邦对公民登记并重新分配土地(Diodor-

---

① Thucydides V, 76, 2; 81—82; E. David, "The Oligarchic Revolution in Argos: 417 B. C.", *AC* 55(1986)113—124.
② Diodoros XI, 67, 参见 Aristotle, *Politics*, 1312b11。
③ Diodoros XI, 72, 参见 Aristotle, *Politics*, 1303a38。

os,XI 86,3;90ff.)。然而,贫富群体差异依旧明显,土地不可能全盘重新分配,而仅限于分配被驱逐公民的地产。分配的大头是否会落入富人手中,这倒是我们很想知道的。确切地说,这时有一个叫廷达瑞德(Tyndarides)的人在穷人中聚集了一帮拥护者并建立了卫队。最显赫的贵族们怀疑他有野心,想做僭主,于是将其逮捕并杀害。叙拉古人与阿尔戈斯人一样,其民主政体仿效雅典的制度。花瓣放逐法(Petalism)是一种类似陶片放逐法的暂时放逐,为期5年,用橄榄叶而非陶片表决(Diodoros,XI,87,1)。我们还发现当时存在一个由将军组成的首要行政官员团体(Thucydides,VI,41,1,etc.)。然而,叙拉古人与阿尔戈斯人一样,受到的影响似乎来自克里斯提尼式的雅典民主制,而非当时的雅典激进民主制,直到公元前412年,叙拉古才自觉地接受了终极民主制。

起初,叙拉古民主政治遇到很大的冲击,狄奥多罗斯(Diodoros)说,花瓣放逐法被用来攻击上层阶级,许多人被放逐,另一些人则退出政治。结果煽动家主导了政治,导致叙拉古人态度转变并取消了花瓣放逐法。[1] 叙拉古的阶级矛盾比诸如雅典和开俄斯等其他城邦更加深刻,在外敌当前时似乎被抑制,我们也发现,这种抑制也并非总是有效。

昔兰尼是公元前5世纪第三个恢复民主制的城邦。希罗多德(IV 163,4)告诉我们,昔兰尼曾有过8位巴蒂亚德王朝(Battiad)的国王,巴托斯(Battos)和阿尔克西劳(Arkesilaos)曾轮流统治。赫拉克利特残篇告诉我们,昔兰尼建立了一种民主政体,巴托斯(原文如此)去了希斯皮里德斯(Euesperides),在那里被杀死。[2]

---

[1] Diodoros XI,87. 狄奥多罗斯的叙事显然是依赖贵族方面提供的资料,见 E. A. Freeman,History of Sicily,II,334,以及 B. Caven,Dionysius I: *Warlord of Sicily*,ch. 1。
[2] Fragment 4 *FHG* II 212. "巴托斯"可能是阿尔克西劳四世(Arkesilaos IV)的笔误,或者是后者的其他未经证实的儿子和继承人;F. Chamoux,Cyrène sous la Monarchie des Battiades,206。

亚里士多德(*Politics*, 131b15sqq.)曾提到过建立昔兰尼民主政体的人所推行的部落改革。这些改革要求把人混杂起来，而不是把他们区分出来放进旧的组合单位，正如德谟纳克斯(Demonax)领导的改革所发生的事情一样，这种事应该被视为一项单独的改革，必须在此列出。我们在此又看到了克里斯提尼式的雅典，但我们无法知道其在昔兰尼的推行力度有多大。需要昔兰尼所有阶层联合起来才能推翻巴蒂亚德家族，新的民主制创立者似乎已经借助部落改革削弱了贵族的影响力，而贵族也透过王权的终结获得了利益补偿。德谟纳克斯的民主政体很可能是第一代民主制，而公元前5世纪的民主制则更像一种过渡形态。然而，从长远看，昔兰尼的民主派并非强大，在公元前4世纪里，寡头制成为昔兰尼政府的常规形式。

墨伽拉在公元前6世纪也出现过短暂的民主政府，但早已倒退回寡头统治。可是在公元前427年，我们发现墨伽拉有一个民主政府当权，而寡头们流亡国外并获得底比斯人的帮助，获准在布拉提亚(Plataia)的土地上耕作。① 这种民主制究竟是在战争之前就存在，还是因为寡头不敌雅典一年两次的进攻而出现，很难讲清楚。后一种原因似乎可能性更大。②

民主派的本意并非亲雅典，但是他们也一样无法保卫墨伽拉免于雅典的进攻，而当流亡寡头占据佩伽(Pegai，墨伽拉位于科林斯海湾的港口)，墨伽拉遭两面围困时，城邦的麻烦更大。民主派领袖们担心，寡头们不管有没有斯巴达同盟的支持，都会成功发动对革命的反击，狗急跳墙时还可能拿背叛城邦的计划去求助雅典人。不过，这些领袖无法说服民众跟随他们；结果"长城"和尼塞亚(Nisaia)港都落入了雅典人手中，领袖们逃往雅典。平民们发誓按既往不咎的承诺让寡头复辟，但尽管有如此誓言，寡头们还是强

---

① Thucydides, III 68, 3, 参见 IV 66 和 R. P. Legon, *Megara*, 236。
② 如 Legon 所暗示，参见同上，236。

迫平民处死 100 个敌人，并建立一个非常有限的寡头制。① 可惜的是，我们无法评估公元前 5 世纪墨伽拉民主政体的制度设置，但是就此认为雅典的影响会了不起，未免也过于轻率。

## 曼提尼亚

曼提尼亚在公元前 5 世纪某个时期成为了一个民主政体。这个问题往往与大约公元前 470 年左右地米斯托克利（Themistokles）在伯罗奔尼撒的旅居经历有关，但也有证据指向前 5 世纪下半叶的某个时期。② 亚里士多德（*Politics*，1318b23sqq）告诉我们，曼提尼亚的行政官员并非直接民选，而是由一部分人选出，这部分人又从全体人民中轮流选出。我们不清楚行政官员的选举方法，但是在曼提尼亚发现了大量圆形陶制入场证，每块陶片上都有名字，这可能是选举方式。③

这种选举方式在古希腊是举世无双的。虽说美国在形式上也是以选举人团来选总统，选举人自己也是被选出来的，但并不是抽签产生。

因为行政官员的间接选举特征，亚里士多德不能肯定是否应将曼提尼亚归为民主政体，而将曼提尼亚称为准民主政体。他认为曼提尼亚接近于第一类民主政体，其农民无暇出席频繁的公民

---

① Thucydides, IV 66—74, 参见 A. Lintott, *Violence, Civil Strife and Revolution in the Classical City*, 95f, R. P. Legon, "Megara and Mytilene", *Phoenix*, 22(1986) 220。

② A. Andrews, "Sparta and Arcadia in the Fifth Century", *Phoenix* 6(1952)2; W. G. Forrest, "Themistocles and Argos", *CQ* 10(1960), 226 则倾向于一个更早的日期，而关于较晚日期的证据，可参见 J. L. O'Neil, "The Exile of Themistokles", *CQ* 31(1981), 336ff., 以及 L. Woodbury, "The Date and Atheism of Diagoras of Melos", *Phoenix*, 19(1965)181, 192。

③ IG V 2,323, 参见 Hiller v. Gaertringen ad loc. (62); M. Amit, *Great and Small Poleis*, 144, 其文辩称，亚里士多德用了"hairetoi（遴选）"这个词，但 haireô 又可指抽签。

大会,而将政务托付给从高级资历公民中选出的行政官员去处理。以抽签产生低级别行政官员,而高级别行政官员仍然经过选举产生,这看起来不寻常,但《献给亚历山大大帝的修辞学》(1424a12)的作者推崇这种办法,而且可能还很普遍。

事实上,曼提尼亚民主制的民众参与度比较低。在公元前421年的"四国同盟"中(Thucydides, V, 47),曼提尼亚行政官员的地位比议事会更重要,这与厄利斯行政官员一样。当曼提尼亚在公元前4世纪恢复民主制时,行政官员们不准许阿盖西劳斯(Agesilaos)提出其妥协性建议,他呼吁,在获得斯巴达人允许之前,行政官员推迟重建城墙,理由是人民已经做出重建城墙的决定(Xenophon, *Hellenika*, V, 3—5)。这并非像特拉叙洛斯(Thrasyllos)于公元前418年在阿尔戈斯采取的行动那样,但确实相当于阻止人民在做出最初决定后考虑一个前所未有的新提议。任何雅典行政官员如此放肆傲慢,都是不太可能的,比如,当雅典人在公元前431年拒绝斯巴达使节梅里西波斯(Melesippos)时,是公民大会而不是伯利克里做出的决定(Thucydides, II, 12, 2)。

此外,公元前385年,当斯巴达决定彻底铲除曼提尼亚民主政体时,仅有60人被当作亲阿尔戈斯分子和民主领袖被判处死刑,但随后鲍桑尼亚王(Pausanias)就准许其流放。① 看起来这60人就是曼提尼亚民主党派的全部活跃分子,而他们只不过占城邦人口的百分之二。②

这与米蒂利尼(Mytilene)的情况形成鲜明反差,希腊人在那里处死了1000人,这些人被判定为公元前427年的反叛负主要责任(Thucydides, III, 50, 1)。如果该人数正确,这1000人很可能代

---

① Xenophon, *Hellenika*, V ii—6;参见 J. L. O'Neil, "The Exile of Themistokles and Democracy in the Peloponnese", *CQ* 31(1981), 337。

② 公元前403年,由 Lysias XXXIV 给出的人数为3000人,参见 M. Amit, *Great and Small Poleis*, 138。

表统治寡头的所有成年男性。① 所以，严格地讲，这一人数与曼提尼亚的人数没有可比性，但的确表明了在政治生活参与度方面，米蒂利尼要高过曼提尼亚。

同样地，在公元前 417 年和前 416 年这两年，阿尔戈斯发生了三次对亲斯巴达嫌疑分子的清洗，仅一次就逮捕了 300 人。在公元前 412 年建立的萨摩斯民主政体中，300 名活跃的公民把持政府并试图在次年复辟这群人自己的寡头制。显然，萨摩斯民主制虽由一小群人主导，②但人数上也胜过曼提尼亚民主制。可能会有人争辩说，曼提尼亚的城邦规模比米蒂利尼、阿尔戈斯或者萨摩斯更小，但费留乌斯(Phleious)肯定比曼提尼亚小，却有 600 名流放寡头于公元前 374 年试图返乡(Diodoros, XV40,5)。实际情况可能是这样，比例极小的一群曼提尼亚公民以某种重要方式参与了民主制运作。这可能解释了间接选举制的采用和曼提尼亚民主制被保守思想家广泛赞许的现象。如果选举人从自愿者中选出，民主派领袖可能享有实质性影响，而普通民众的实际影响力则被降至最低。③

## 雅典的同盟们

以上研究的案例中，民主政体的建立都是出于城邦内部因素，除去榜样的影响之外，其他城邦并未参与。至公元前 5 世纪中期，我们发现，希腊的主要民主制城邦雅典正在某种情况下积极协助其他城邦建立民主制。例如，我们知道，在雅典人的庇护和影响下，埃律特莱伊(Erythrai)很可能在公元前 453 年建立过民主政府。此前，该城邦在亲波斯僭主制的统治下，出现过对提洛同盟的

---

① A. W. Gomme, *Commentary on Thucydides*, ad loc(II 325f.).
② T. J. Quinn, *Athens and Samos, Lesbos and Chios*, 21.
③ 赞同这一说法的观点，参见 M. Amit, *Great and Small Poleis*, 138。

反叛。① 埃律特莱伊在公元前6世纪一直都实行民主制，但是在反叛之前，其政体性质究竟如何并不清楚。

雅典议事会和公民大会给埃律特莱伊人规范了新民主宪政，但他们也有自己的模式，而非盲目照搬，雅典军官奉命出现在埃律特莱伊，身份是巡视官和要塞指挥官，负责建立民主政体。

雅典人决定在埃律特莱伊成立一个120名议事员的民主制议事会，从年满30岁的男性中抽签产生议事员，任何议事员若要再次当选，必须再等4年。这一点极像雅典的翻版，不过埃律特莱伊的议事会更小（雅典的议事会有500名成员），议事员任职次数更频繁（雅典只允许再次当选一次）。要么就是埃律特莱伊的120人议事会代表比雅典更大比例的人口，要么就是埃律特莱伊想做议事员的人数没有雅典那么多。

很可能是雅典人有意在埃律特莱伊建立终极民主制，让埃律特莱伊公民大会做出所有重要决策，只要这些决策在实践中不与雅典人的既定决策相左就行。然而，新的民主制在实践中是否真的享有很高的民众参与度，或者是否实际上发挥的是某种中级民主制功能，我们都无法断定。陪审法庭肯定不像终极民主制的机构，其构成至少是61人，要不然就由每个部落派出9人，其最低财产资格要求是30斯泰特（stater）（DGE 701）。这种法庭更适合一种初级民主制，或者甚至某种寡头制。

雅典人也多次协助萨摩斯建立民主制。萨摩斯早前不太可能有民主制，②但到公元前440年，出现了一个民主党派，该党派就

---

① L. I. Highby, *The Erythrai Decree*: *Klio Beifeift*, 366(1963); Meiggs and Lewis, *Greek Historical Inscriptions*, 40. 不幸的是，碑文转抄质量奇差，石碑又无踪可寻，正确解读很成问题。

② J. P. Barron, *The Silver Coins of Samos*, 90f. 该文别出心裁地假定民主制在公元前453年的赫拉（Hera）节被推翻，参见 E. Will, "Note sur les Régimes Politiques de Samos", *REA*, 71(1969)309.

萨摩斯与米利都的战争支持米利都向雅典进行控诉。作为解决争端方案的一部分,雅典人对萨摩斯强行推行民主制,但是萨摩斯的流放者从萨迪斯(Sardis)总督那里获得了雇佣军,推翻民主制并反叛雅典。①

修昔底德(I,116)未曾提及按征服之后解决方案的条件如何来恢复民主制,但是更晚期的作者西西里人狄奥多罗斯则有提及。究竟修昔底德的沉默还是狄奥多罗斯的证据更重要,现代学者们意见不一,②但是,我认为,更有可能是雅典并未恢复萨摩斯的民主制,因为后者显然未能维护雅典人的利益并让萨摩斯忠于雅典。

伯罗奔尼撒战争初期,在安尼亚(Anaia)面朝萨摩斯的陆地上,建立了一个萨摩斯流亡寡头组成的社区(Thucydides,III.32,2,等等),但在雅典统治时期,其他萨摩斯的寡头们依然留在岛上。公元前412年,萨摩斯的民主派在3艘凑巧停泊的希腊船船员的帮助下,奋起反抗当权者。民主派杀掉了反对派中的200人,流放了400人,瓜分了他们的土地和房产。然后,他们建立民主政府,剥夺了地主的政治权利,禁止其与公民通婚(Thucydides,III,21)。这里,我们发现,雅典人协助建立的民主政体与他们自己的政体很不一样。

乍看,萨摩斯民主制似乎比雅典更激进,因为它排斥(更确切地说,看起来像排斥)上层阶级。不过,公元前411年的事件表明,这是一个误导性的印象。这时,雅典寡头正试图用武力推翻民主,而在这种非民主的气氛中,人数大约有300名的公元前412年反叛领导者们决定攻击他们以前的盟友(即平民),转而成为寡头。显然,公元前412年的政权是一个相当脆弱的民主制,在这种民主制下,

---

① Thucydides,I 116; Plutarch,*Perikles*,25,2f.
② E. Will(REA,1969)313f,以及T. J. Quinn *Athens and Samos*,*Lesbos and Chios* 21f.。

少数富人借助雅典和下层阶级的帮助,已经推翻了多数派,但依然控制着萨摩斯的政治生活。① 但是,当时在萨摩斯保有可观力量的雅典人(因为那里是他们在爱奥尼亚战争中的海军基地),再次出手支持萨摩斯民主,并再度建立民主制。这第三个萨摩斯民主政体一直效忠雅典,直到雅典自己投降后才被斯巴达舰队司令莱桑德(Lysander)武力推翻。显然,萨摩斯的下层阶级力量比较弱小,或者无法相信民主政府的价值,只有靠雅典的武力支持,并将大量上层阶级(如果最终并非全部的话)流放,他们才可能执政。

虽然雅典人已经根据自身高度成熟的民主制模式塑造了埃律特莱伊的民主政府,但在萨摩斯,他们帮助建立的民主制却还远不够发达,这无疑迎合了萨摩斯的富裕公民,他们才是构成萨摩斯民主派的领导层。雅典人并非教条化地推广自己的终极民主政体形式,也未对他们所有的盟邦强制推行民主制,在整个提洛同盟的历史中,我们发现同盟国中有寡头制,甚至有僭主制。当然,雅典可能会同情平民,平民知道这一点,可能会对他们自己有鼓励作用,阻止其反对者的抵抗。② 直到伯罗奔尼撒战争初期,城邦的政制似乎在其外交政策中不算一个重要因素,但是随着战争的进行,各邦平民和寡头们越来越频繁地分别求助于雅典和斯巴达。③ 于是,城邦的立场与其同盟的政制"错配"就成为一个难题,如公元前4世纪20年代民主制的墨伽拉就是这样。霸主在政制方面与其盟邦的关联注定要延续到公元前4世纪,但也从未占具全局性的主导地位。

雅典的陆上帝国也导致了民主制的传播。亚里士多德(*Politics*,1302b29)告诉我们,奥伊诺斐塔(Oinophyta)战役(公元前

---

① Thucydides, VIII 73,2;参见 T. J. Quinn *Athens and Samos, Lesbos and Chios* 21f.。
② B. D. Merritt et al., *The Athenian Tribute Lists*, III(1950)chapter X.
③ M. Cogan,"Mytilene, Plataea and Corcyra" *Phoenix*,35(1981)10ff.,20.

457年)之后,底比斯的民主制运作得很糟糕,因而被摧毁了。"老寡头"(A. P., *iii*, 11)给出的画风则不同,他说,因为雅典人试图与当地精英友好,所以皮奥夏(Boiotia)的平民被迅速打压到受奴役的地位。如果我们假定在雅典的帮助下,奥伊诺斐塔战役之后的底比斯建立了首个民主政体,那么这两则信息的矛盾就可以解释得通了。那些未被放逐的底比斯贵族会形成统治阶级,而那些在科洛那亚(Koroneia)战役(公元前446年)前已经回乡的流放者显然也加入其中,并重新建立了寡头政府。

## 皮奥夏平等寡头制

然而,底比斯短命民主制的建立并不能仅仅归因于雅典的帮助,因为当地人热心于让穷人参政,新的寡头制对此有所体谅。修昔底德让底比斯的演讲者于公元前427年在普拉提亚(Plataia)宣传要消灭该城邦时喊出了"平权寡头制",以描述其城邦的政制。把政府建立在平等之上的思想已经与克里斯提尼式的民主制有联系,但也可以运用于非民主政制。① 开放性寡头制的支持者们也可能支持(或者至少容忍)过先前的初级民主制,这些人同时也不想接受跟当时雅典参与式民主制相关的更激进的平等思想。佚名史家所著《希腊志》(HellenikaOxyrhunkhia)(XVI[XI])对这种四重议事会和11个区的政制有简短的描述,每个区提供一名皮奥夏长官(boiotarkh)、按规定比例的议事员、军队和税收。这位史家告诉我们,参加政治活动需要一定的人口普查身份资格。究竟要什么水平的资格没有说明,但很可能是重装步兵身份。② 好像议事会成员的

---

① M. Ostwald *Nomos and the Beginnings of Athenian Democracy* 112f,117f.
② I. A. F. Bruce, *Commentary on the Hellenica Oxyrhynchia*, 104;参见 J. A. O. Larsen, *Representative Government in Greece and Rome*, 32。

生活费也由公家支付。因此,好像所有重装步兵身份的公民都有平等的权利,较贫穷的重装步兵毋须承担经济代价而行使其权利。

但是,尽管这种政制与民主制有若干相似之处,皮奥夏的民主派依然持反对态度。修昔底德记录了民主派在皮奥夏的两次起义,第一次在公元前 424 年,正好与雅典对第力安(Delion)(IV 76,2)的占领巧合,第二次在公元前 413 年(IV 95,2)。两次均告失败。最低的阶级,即低于重装步兵身份的阶级,即便他们构成皮奥夏人口的半数以上,①但只要未获得他们上面的阶级的支持,就无法夺取政权。按这种方式,把政治权利扩展到重装步兵这个群体,但不再下放,倒不失为将最贫穷的人们排除在政治生活之外的有效办法。寡头平权制维持的时间超过半个世纪,最贫穷的阶级始终遭到排斥。普鲁塔克(*Pelopidas* 5,1)确实把依斯门尼亚(Ismenias)描述为民主制(与寡头制的利俄提亚德[Leontides]对比),但是考虑到《希腊志》提供的证据认为皮奥夏同盟对政治权利有身份资格的要求,我们似乎应该把依斯门尼亚视为开放性寡头制的支持者,而利俄提亚德则被视为较有限的寡头制。

将穷人一分为二,一部分纳入统治集团,另一部分则排除在外,这样似乎取得了阻止进一步政治自由化的效果。除了皮奥夏的寡头平权制以外,我们还可以举出斯巴达的莱库古政制(只有重装步兵身份才有投票权)和僭主制之后的科林斯政府,这些后面都会讲到。即便一部分重装步兵身份的公民有投票权,这些寡头制依然固若金汤。单凭数量的穷人被财富特权的短板抵消,精英们扩大统治群体的魔圈,就可以防止政治权利扩及那些被完全排斥的人。这导致当下特权集团里的较低阶层把自己的身份认同朝上

---

① 根据 A. H. M. Jones(*Athenian Democracy* 9)给出的数据,公元前 425 年,雅典大约有 9000 名重装步兵和 12000 名日佣,而 A. W. Gomme(*The Population of Athens* 26)所给出的相应数据则分别是 16500 人和 12500 人。关于此问题的讨论,参见 R. K. Sinclair,*Democracy and Participation in Athens*,Appendix I 223f. 。

移,而不是将自己视为"穷人"这个整体。

在底比斯和皮奥夏的情况中,我们发现还有一个因素,一个城邦实行什么样的政制,其通常的敌对邻邦的政制会起到某种作用。雅典对民主制的认同很紧密,而底比斯常常与民主制格格不入。这可能导致这样一个现象,许多皮奥夏的重装步兵公民宁愿要本土特色的政府,也不要"外邦的"民主制。只有到了公元前4世纪,底比斯的主要敌人由雅典变成寡头制的斯巴达,民主制才被底比斯接纳。同理,墨伽拉民主派对雅典的敌意侵蚀了公元前5世纪墨伽拉的民主制。雅典的第三个邻邦埃吉纳(Aigina)的历史充满着甚至更加尖锐的冲突,听说早在约公元前490年,就有一个叫尼科德罗莫斯(Nikodromos)的人领导了一帮平民(Herodotos, VI, 88—91)。这些民主派试图在雅典的支持下发动一场政变,但因雅典人来迟了一天而流产。亚里士多德(*Politics*, 1291b24)告诉我们,在埃吉纳岛(一如在开俄斯)有一群作为商船水手的平民,但这些人是否构成民主制的基础则没有证据。到目前为止,我们只能说,埃吉纳一直由精英控制。① 对雅典的敌意加上缺席的商船水手似乎已经妨碍了民主党派在埃吉纳岛的有效发展。

## 其他城邦

民主政体在我们不了解详情的许多其他城邦里,也是为人所知的。当伯拉西达(Brasidas)入侵色雷斯方向地区时,那里的大部分城邦似乎都实行民主制。② 萨索斯(Thasos)直到希腊寡头们于

---

① O. Muller, *Aegineticorum Liber*, (1817)133;参见 T. J. FIG, Aegina, ch. 5; A. Lintott, *Violence, Civil Strife and Revolution*, 99,该文暗示雅典在公元前457年后强行实施民主制,但即便此说法正确,一个外力强加的政府也不是埃吉纳的自然发展结果。

② G. E. M. de Ste. Croix, "*The Character of the Athenian Empire*", *Historia* 3 (1954/1955), 4—8.

公元前411年推翻其政府为止,一直都是民主制(Thucydides, VIII 64,2),而其殖民地尼阿波利斯(Neapolis)因为继续支持雅典,按理说应该维持着民主制(Meiggs and Lewis, 89)。埃披达姆诺斯的(Epidamnian)民主派于公元前4世纪30年代在城邦内部斗争中胜出,结果被科西拉的干预击败(Thucydides, I, 24, 5)。在南意大利,塔拉斯(Taras)于波斯战争后不久开始实行民主制,因为其上层阶级刘雅庇佩斯人(Iapypes)作战时折损不少,雅庇佩斯人居住在意大利的靴形图的后跟部位(Aristotle, *Politics*, 1303 a3),而图里奥伊(Thourioi)在我们的期望中具有伯利克里式的社会基础,是按平等原则组织的(Diodoros, XII, 11, 2)(不过,图里奥伊在西西里远征失败后就脱离了雅典阵营,参见 Thucydides, VIII, 35, 1)。

我们也发现了并未实行民主制的城邦中的民主党派,并看到了艾伊娜和皮奥夏的情况。在塞萨利(Thessaly)甚至出现了民主起义,具有讽刺意味的是,领导者是克里蒂亚(Kritias),此人正是后来雅典极端寡头们的领袖(Xenophon, *Hellenika*, II, *iii*, 36)。显然,即便普通公民也对社会管理有发言权,这种思想在公元前5世纪的希腊正在普及。不仅贵族,而且某些较低阶层人士也继续持贵族统治权的旧思想。下层阶级接受统治阶级的意识形态,我们并不感到惊讶。亚里士多德(*Politics*, 1318b18)说,政府只要不阻止农民耕作土地,或不抢夺他们的财产,农民对任何政府都可以忍受。(作者在《献给亚历山大大帝的修辞学》[1424b3ff]中以同样的口吻提醒寡头制应该保证勿对穷人犯狂妄自大的错误。)

贵族庇护制的影响不仅在未实行民主制的城邦,也在已实行民主制的城邦中一直保持强势。部落改革方案的出台,一如克里斯提尼在雅典的改革,还有昔兰尼的改革,都通过对旧部落结构的操控,削减了贵族享有的优势,但在这两个城邦,贵族在政治生活中都保持了突出地位。在曼提尼亚和萨摩斯这样的城邦,我们发现了这样的民主政体,其政治是由少数从上层阶级吸引过来的人操控,少数精英在城邦继续呼风唤雨,贵族庇护制很可能起了推波助澜的作用。

像叙拉古这样的城邦,阶级冲突似乎具有本土性;①至于其他像雅典那样的城邦,阶级冲突没有那么强烈,只是偶尔爆发;而在开俄斯,公元前412年之前都未见明显阶级冲突的迹象。贫富之间的冲突程度在各城邦之间有差异(在个别城邦的不同时期之间也有差异),个中缘由往往不得而知。

有些阶级冲突的原因很明显,特别是那些关于谁有资格担任公职并决定城邦政策的争议,也有些争议是关于富人缴纳的税收和公益捐(对城邦的自愿捐献,如三层桨座战船的指挥和维护或悲剧合唱队的赞助)。富人和穷人之间也会有共同利益,特别是对财产权的捍卫(因为大多数自由民穷人自己也是小额财产拥有者,拥有农场的自耕农,以及至少拥有工具的工匠),以至于所有公民都捍卫富人的财产权,甚至是对其奴隶的权利,②只有在遇到危机时,打劫富人的呼吁才行得通。凡是在富人和穷人正常合作,而不是相互斗争的地方,民主政体就更有机会落地生根。

对于某个具体城邦的民主制,平民内部并不总是铁板一块地支持,按同样的道理,在国际上也不会有对民主制统一支持的阶级。科西拉的民主派和寡头分别倾向于同雅典和科林斯结盟,两者的管理体制都是他们偏爱的,但是墨伽拉的平民却不愿跟随其领袖去和实行民主制的雅典结盟。即便在雅典帝国内部,下层阶级对雅典的支持度也是可变的。③ 雅典法庭的保护作用对一个身

---

① B. Caven, Dionysius I: Warlord of Sicily, 16.
② G. E. M. de Ste. Croix, *The Class Struggle in the Ancient Greek World*, 147.
③ G. E. M. de Ste. Croix, "The Character of the Athenian Empire", *Historia* 3 (1954/1955)38,该文认为较低阶层坚定地心仪雅典,但其他文献则显示有时并非如此,这些文献有 D. W. Bradeen, "The Popularity of the Athenian Empire", *Historia* 9(1960)257—269,以及 H. W. Pleket, "Thasos and the Popularity of the Athenian Empire", *Historia* 12(1963),77。

在盟邦的雅典代理人具有更大的价值，而对于一个自耕农，找传统的庇护人可能比赶往雅典去办事要经济一些。

到了公元前5世纪晚期，希腊的民主政体和民主思想已经根深蒂固，不过，贵族统治和寡头制，以及传统的政制组织形式，也同时兴旺发达。导致任何具体城邦民主化或阻止其民主化的因素要视具体情况而定。当地的情况，包括对紧邻的敌意，都会有影响。民主制在靠近海洋的地区更加常见，因为那里会有一定程度的商业发展。可是，内陆的曼提尼亚也是民主制，其选举人团提供了另一种可能。然而，单一模式正在成为组织民主政制的普遍途径，这种情况越来越明显。不过，我们现在要探讨的不是雅典当时的终极民主制，而是被广为抄袭的更早期的克里斯提尼的民主制。

# 第五篇 终极民主制的发展

詹姆斯·奥尼尔

## 终极民主制的性质

民主制在公元前5世纪的第二波重要发展体现在普通公民越来越多地参与到决策方面,以及终极民主制的出现,在若干城邦里,普通公民自己管理城邦,而非仅仅选出贵族来统治城邦。虽然公元前6世纪建立第一批民主制的领袖们曾捍卫平民的权利(不管是如梭伦那样出于真心,还是如克里斯提尼看起来那样,出于权衡),但他们也未曾认为这些权利包括与贵族完全平等。我们发现公元前5世纪的领袖们确实力图在整个男性公民群体中建立平等。

即便在我们所知最多的雅典,仍有严重的知识缺口,终极民主制不是单凭某一次改革就推出的,而是通过一系列变化才出现的,其中最重要的变化发生于约公元前460年,那一次终于让平民能担任更广泛的行政职务,公民大会和陪审法庭这些平民组成的机构就整体而言,在决策中扮演越来越主导性的角色。

这种变化中最重要的手段之一就是抽签产生行政官员。亚里士多德告诉我们,九执政官最先是在公元前487—前876年僭主统治后开始抽签产生(A. P.,22,5)。这样,对于梭伦人口普查等级的最高两级所有成员，就有平等的机会做执政官（由于执政官仍不受薪，较贫穷的重装步兵等级可能不会像贵族那样频繁地自荐公职），而公元前 457—前 456 年，执政官职位依法向双牛级，后来有时其实还向日佣级开放(Aristotle, *A. P.*, 25, 2)。对于想做执政官的雅典平民，这就增加了他们付诸实践的机会，公元前 5 世纪的执政官已不再是我们在公元前 487—前 486 年之前看到的那些以名门望族为主的政界名流，而是不任职就无人知晓的无名之辈。

对于除军事长官以外的议事员和行政官员，抽签产生的办法在公元前 5 世纪的雅典广泛使用。① 要有专门技能才能统治城邦的贵族思想正在被摒弃，取而代之的是所有人能力平等的激进理想，不过，军事则另当别论，将军犯错毕竟得损兵折将。然而，除军事指挥之外，雅典行政官员对高级知识的需求越来越低，因为政策越来越出自大型民众机关，官员的职责就是执行人民的政策，而不是代表人民去形成自己的政策。

即便依然按选举产生将军，也开始从贵族圈之外吸纳人才。欧波利斯(Eupolis)说，从前将军来自名门，先看财富和出身，但如今世道已变。即使在公元前 460 年之前，有两位将军就被证明是穷人：阿里斯蒂德(Aristeides)和厄菲阿尔特(Ephialtes)。② 由于他们在公职受薪制之前履职，所以不太可能缺钱（阿里斯蒂德以"最优秀者之子"著称，说明他有贵族血统）。更可能是这么一回事，他们家道殷实，拥有土地，但还没有贵族那么多足以让人游手好闲的财富，但毕竟经济状况还算宽松。③ 也难怪，这两位来自人

---

① [Xenophon]*A. P.*, I 2；根据具体记载，这类行政官员为财务官(Aristotle, A. P., 8, 1)、祭祀官(IG I2 84, 30)、戏剧节法官(Plut *Kimon* 8, 80)，甚至派往米蒂利尼(Mytilene)受领土地的公民(Thucydides, III 50, 2)。
② Plut., *Arist*, 1；Ailian VH II 4, 3；XI 9.
③ 阿里斯蒂德实际上做过戏剧捐助人(Plut., *Arist*. 1, 2)，因此很可能属于负责宗教祭祀的阶层。

民的人获得了平民之友的声誉。

阿里斯蒂德把自己表现为人民之友,不介入"骑兵伙友社"(hetaireiai)或政治俱乐部,以区别于其对手地米斯托克利(Plutarch,*Aristeides*,2,6),他还私设法庭,让所有人获得公义。然而,阿里斯蒂德的贵族政敌(也是一个激进民主派)能够借此攻击他,宣称如此行事是在削弱人民的权威。① 虽然贵族地米斯托克利更加卖力地捍卫这样的思想,认为平民应做决策而非仅仅选出其领袖,但是这两个政治家都可视为平民的斗士。② 两人都笃信平民参政和强悍的领导(当然是就他们自己而言)。他们的差异只是强调的重点不同。

政治家表现为人民之友的方式五花八门,伯利克里只走一条路,上普尼克斯山和卫城(这显示他不会为政治目的刻意拜访贵族伙伴),而克勒翁(Kleon)走得更远,干脆正式弃绝"骑兵伙友社"(如果他早前加入一个上流社会俱乐部,那么他以人民斗士身份示人之前,对建功立业有更倾向于保守派的打算)。③

这样并不代表贵族政治风格的终结,这种风格反倒被改头换面用来服务于平民政治。客蒙(Kimon)对自己的农场不设围栏,邻居可以自由享用收成,对那些来自拉基亚戴(Lakiadai)的任何德谟同乡总是招待吃喝(Aristotles,*A. P.*,26,3)。同样,尼基阿斯为了赢得民众赞许和扩大影响,承担了广泛而高昂的公益捐。④

---

① Plutarch,*Aristeides*,7,1. 私人法庭可能有通往僭主制的某种含义,希罗多德(I 96—101)提到美地亚人戴奥凯斯(Deioces the Mede)如何让美地亚人拥立他为王的事迹,戴奥凯斯向族人主持卓越的正义,然后不再继续提供服务,直到族人答应他做王为止。
② F. J. Frost,"Themistokes' Place in Athenian Politics",*CSCA*,1(1968)105—124,该文对此提出质疑,但认为地米斯托克利对阿里斯蒂德的攻击或与海军政策的关系并非激进民主。
③ Plu.,*Perikles* 7,5;Plut.,*Moralia* 806F;见 W. R. Connor,The New Politicians of Fifth Century Athens,87 sqq,特别讨论了公元前5世纪雅典政坛风格的变化。
④ Plut.,*Nikias* 3,1—4;参见 J. K. Davis,Wealth and the Power of Wealth in Classical Athens,97。

这些贵族式的施恩行善也不限于保守的政客，亚基比德(Alkibiades)就承担了可观的开销，其中有对三层桨战船及其船员的赞助，以赢得他自觉理所当然的名气。①

联姻曾经一直是贵族政治重要的一环，其中最有名的是克律克斯家族(the Keryles)(卡里亚斯[Kallias]家族，该家族掌握4个厄琉西斯高级祭师职位中的3个)、波斯战争之前的阿尔克梅昂戴家族(Alkmaionidai)和斐莱家族(Philaidai)，这可能是出于对抗地米斯托克利家族的考虑。② 我们甚至发现煽动家克勒翁把女儿嫁给其政治盟友托蒂波斯(Thoudippos)(后者于公元前425年为了克勒翁的利益改变对贡金的重估)。③ 雅典平民政治的发展迫使政治行为出现变化，但任何时候都没有同过去决裂。赢得民心的方法有创新，也有旧习俗的改头换面。

政治精英的构成变了，但这次也不是决裂式变革。进入公元前5世纪多年，即便有贵族身份的阿里斯蒂德和厄菲阿尔特加入了精英队伍，大多数雅典领袖人物也依然来自贵族。由于任何政客都需要时间来调查时事，谋划解决方案，所以难以设想真正的穷人能够成为政治领袖。民主制鼓励轮流任职，政客如果无法一直在位，也就不可能靠国家奉养。然而，阿里斯托芬(Archarnians，270,593)说，拉马库斯(Lamachos)作为将军领取工资(如果将军还像议事员那样领日薪，④富有的将军可能嫌麻烦，所以这个人的生活水准可能不高)。不过，拉马库斯及其儿子泰底阿斯(Tydeus)(PA 13885)父子俩都在重装步兵战役中担任将领，这家人

---

① Thucydides, VI 89,4; J. K. Davis, *Athenian Propertied Families*, 20f.
② J. K. Davis, *Athenian Propertied Families*, 303.
③ 关于克勒翁的姻亲关系说明，见 J. K. Davis, *Athenian Propertied Families*, Table II。这种做法在公元前4世纪已不太通行(J. K. Davis, Wealth and the Power of Wealth in Classical Athens, 120ff.)。
④ Arist. A. P. 43,3;参见 A. H. M. Jones, *Athenian Democracy*, 136ff., n. 10。

至少应该是双牛级，才能负担重甲配备，否则他们不可能服役并指挥重装步兵。

非贵族政客的人数未见增长，同时贵族领袖的人数及其重要性也下降了。伯利克里之后，亚基比德和克里蒂亚(Kritias)是公元前5世纪后期唯一主导雅典政治的贵族。① 然而，在稍低的级别中，贵族仍然表现突出。就伯利克里家族而言，其子伯利克里，侄子希波克拉底(Hippokrates)都成为将军，其亲戚尤里普托勒莫斯(Euryptolemos)积极活动，防止非法审判十将军。② 在下一个世纪里，我们发现厄特奥布塔德·莱库古(Eteoboutad Lykourgos)扮演了突出的政治角色([普鲁塔克]，*Lives of the Ten Orators* 841B)。

雅典贵族影响力下降，于是有些贵族就疏离于雅典生活，下面我们会看到一种退隐的形式，如柏拉图，或者又如柏拉图的大舅克里蒂亚那样，企图推翻民主制。但是，贵族们似乎不太抗拒阿里斯蒂德这样的领袖，后者很可能与他们一样是地主，只不过土地不太多，或者甚至是尼基阿斯那样的矿主。贵族们感到愤愤不平的是城市手工业背景的领袖也登台亮相。以克勒翁、海柏波拉斯(Hyperbolos)和克里奥芬(Kleophon)这些领袖为例，他们靠剥削城市工场奴隶起家，如克勒翁开制革厂，③在老派人士眼里属于下九流。由于这些人无法获得雅典政治圈内保守派的支持，他们喜欢以平民斗士的形象示人，这并不令人惊讶。④ 然而，雅典贵族对城市工商业者的偏见似乎只是公元前5世纪后期的一种现象，当时那些工商业者刚开始有参政的诉求。演说家德摩斯梯尼恰好就是

---

① P. J. Rhodes, *Commentary on the Aristotelian Athenaion Politeia*, 345.
② PA 11812；J. K. Davis, *Athenian Propertied Families* 456；PA 5985.
③ 关于克勒翁财富来源的论述，见 J. K. Davis, *Athenian Propertied Families*, 318ff.。
④ E. M. and N. Wood, *Class, Ideology and Ancient Political Theory*, 45, 该文认为这些实业家与普通工匠一同形成了一个生产者阶级，但作者忽略了这些人与贵族地主一样从奴隶劳动中榨取剩余价值的事实。

这种出身,没有任何迹象显示公元前 4 世纪还有这种对他不利的偏见在起作用。

整个前 5 世纪,雅典的政治精英队伍扩大了很多,雅典人口中很大一部分能参与其中,同时,在政治上能够呼风唤雨的贵族人数也下降了。贵族中既有保守派,也有激进民主派,这与其他地主没什么不同;只有新出现的工商业人士才大致局限于左派。保守的民主派喜欢让人民从自己的朋友中选出统治者,而激进的民主派相信人民应该自己直接进行统治(当然,也需要其朋友的帮助)。这两派的区别很重要,但是我们不要忘记,对于像开俄斯的西俄庞波斯(Theopompos)这种局外人而言,两派人都只不过是蛊惑家。①

## 厄菲阿尔特和伯利克里的改革

抽签制的引入和行政官员的社会构成变化等过程都不是一蹴而就的。然而,大约公元前 461 年开始,推出了一系列重要改革,导致终极民主制的建立。因为所获信息严重残缺,所以我们对每件事都不可能有真正充分的描述。可是,终极民主制推进的整体轮廓还是可以描绘出来的。第一波是厄菲阿尔特的改革。我们知道他剥夺了战神山议事会的额外权力,移交给五百人议事会、公民大会和陪审法庭(Aristotle, A. P., 25, 2)。额外权力的说法很可能只是厄菲阿尔特的宣传,因为元老们的议事会很可能自古就有这种权力。② 厄菲阿尔特及其支持者为了揭示战神山议事会并非德

---

① W. R. Connor, Theopmpos and Fifth Century Athens, 47, 126.
② P. J. Rhodes, *Commentary on the Aristotelian Athenaion Politeia*, ad loc, 314; R. W. Wallace, "The Areopagos Council to 301 B. C.", 72, 该文认为梭伦增加了法律捍卫者的权力, 但直到波斯战争时期, 这些权力才付诸实施。若是那样, 为什么移除这些权力又成为争议? L. Jones, "The Role of Ephialtes in the rise of the Athenian Democracy", CA 6, (1987)58,67f., 该文相信梭伦曾剥夺了战神山议事会的这些权力,但梭伦的改革则已经废止。对法律的守护似乎是任何早期议事会的基本职责。

高望重的机构,在攻击该议事会时首先揪出个别元老加以挞伐。①当保守派领袖客蒙不在雅典时,这些改革方案就通过了,但是引发的反对要么导致厄菲阿尔特被刺杀,要么是他的暴毙被人当作刺杀的结果。②

普鲁塔克提到客蒙不在雅典是因为外出远征(Kimon,12,3),这应使我们能够推测改革的日期,通常接受的说法是,那次远征是他的伊汤姆(Ithome)失败之行;这可以解释斯巴达人在其所有盟邦中,唯独对雅典人极力排斥,因为他们担心雅典人可能具有革命性(Plutarch,Kimon,17,3;参见 Thucydides,I,102,3)。雅典内部的民主变革很可能使斯巴达人担心,雅典人会对农奴的事业抱有同情,这些奴隶在斯巴达被视为下等阶级。

然而,也存在一些问题。普鲁塔克本人并没有表明上述情况之间有直接联系,他只是说厄菲阿尔特推行改革时,客蒙已航海离境,而伊汤姆远征是在陆路上进行的。③ 不过,普鲁塔克的确把客蒙遭放逐的事归因于雅典人对他的愤怒,因为他力主远征伊汤姆,随后斯巴达人逐出雅典人而让雅典人蒙羞(Kimon,15,3)。所以,那一次远征就是去伊汤姆,普鲁塔克用了"航海"一词只是他个人的疏忽,因为雅典人远征的确通常是循海路而行。

假设果真如此,伊汤姆远征已经打破了雅典城邦的权力平衡。相比海军背景的民众,更加保守的重装步兵公民当时就不在场,但

---

① Aristotle,*A. P.* 25. 作者谈到了地米斯托克利利,此人逃亡波斯已近 10 年。无法确定这是否是对伯利克里或地米斯托克利利真正错误的说法。L. Jones(CA, 1987)坚决主张接受这种说法。

② J. R. Cole, "Cimon's Dismissal, Ephialtes' Revolution and the Peloponnesian Wars", *GRBS* 15(1974)369,378;参见 C. Hignett, *The Constitution of Athens*, 196; P. J. Rhodes, *Commentary on the Aristotelian Athenaion Politeia*, 311, 325。

③ J. Barns, "Cimon and the First Expedition to Cyprus", *Historia*, 2(1953/4)167;参见 A. W. Gomme, *Commentary of Thucydides* I 411, n. 1。关于向伊汤姆的进发,参见 Plutarch, *Kimon*, 17, 1。

是海军背景的民众又没有像通常那样,一起去并肩作战。如果海军背景的民众在场的话,就会产生赞成改革的多数,虽然可能出现公民背景构成更正常的公民大会,而斯巴达人的羞辱又可能挫败客蒙在会上推翻决定的企图。假如斯巴达人遣回雅典人这件事有部分原因是希望客蒙可以掐灭斯巴达人眼中的不良苗头,那这种结果就是一个讽刺。①

无论是对雅典的怒火,还是对斯巴达的过度反应,都表明了这里涉及到一种重大的变化,但是这种变化的具体性质还难以说清。② 战神山议事会的法律监护权似乎扩大到行政官员和公民大会的否决权,即对行政官员某种形式的资格审查和卸任审查(对其任职资格和履职行为的监管),而且某些政治审判很可能就在战神山议事会进行。③

这样做就在雅典政治中赋予了这个元老议事会很大的影响力,特别是对于那些他们不赞同的政客的政治生涯,以及他们不喜欢的公民大会提案,更是如此。公元前 487—前 486 年,执政官抽签产生办法推行之前,所有重要政治家都很可能做过执政官,战神山议事会成员亦复如此:地米斯托克利和阿里斯蒂德两人都做过执政官,战神山议事会成员也一样是前执政官,但是像厄菲阿尔特和伯利克里这些更年轻的领袖并未做过执政官,所以也不是战神

---

① J. R. Cole, *GRBS*, 15(1974)379.
② R. Sealey, "Ephialtes'", *CP*, 59(1964)19,该文暗示此事仅涉及行政官卸任程序,但这似乎并不能充分解释一种敌意的反应;参见 G. L. Caukwell, "Nomophylakia and the Areopagus", *JHS*, 108(1988)1—2。关于厄菲阿尔特之死,参见 D. Stockton, "The Death of Ephialtes", *CQ*, 32(1982)227 *f*., 以及 D. W. Roller, "Who Murdered Ephialtes?", *Historia*, 38(1989)255 *ff*.。
③ R. J. Bonner and G. Smith, *The Administration of Justice*, I 262; R. W. Wallace, "Ephialtes and the Areopagos", *GRBS*, 15(1974) 262ff., 以及 *The Areopagos Council* 54 中,都质疑了战神山议事会的卸任审查。很可能卸任审查充其量只是在厄菲阿尔特改革期间或之后实施,不过,捍卫法律似乎就应该对离任行政官有所监管。

山议事会成员。① 然而,当雅典政治领导层在公元前 5 世纪初变得愈加激进时,执政官正以随机抽签的方式从雅典的两个较高财产等级产生,也很可能变得更加保守了。亚里士多德相信,战神山议事会的权力在波斯战争后的岁月里有所增加,原因很可能是战神山议事会成员与某些政治领导层之间的分歧扩大。② 战神山议事会作为源于雅典上层阶级的机构,被认为与所有公民平等参政这个正在发展的理念相冲突,不管这个元老院有多大权力,激进民主派还是取胜了,那些权力被转移给更加民主的机构,并保留了其宗教职责和杀人案审理权。(按雅典人的看法,杀人令社群不洁,谋杀案审判也被视为宗教方面的问题。)

另外有两个雅典法律领域的变化虽然肯定不能被视为厄菲阿尔特所取得的成就的一部分,但也与厄菲阿尔特的改革有关系。梭伦曾建立一个单一的民众法庭,而到公元前 5 世纪后期,我们发现有一系列民众法庭,即陪审法庭。本来是九执政官,特别是司法执政官在雅典审案;到公元前 5 世纪后期,他们只主持陪审法庭,无任何形式的控制权。决策由行政官控制转变为民众控制,这些变化也是转变的一部分,厄菲阿尔特改革就属于这一部分,或许这些变化就是改革的一部分,将其一同考虑才是最合适的。

雅典人认为陪审法庭是民众法庭的延续,而陪审法庭继续沿用民众法庭的称呼。民众法庭(Hêliaia)是多利安词"大会"的阿提卡化形式,人们经常认为梭伦的民众法庭就是公民大会的另一种叫法。然而,古代证据显示,民众法庭与后来的陪审法庭一样,由 30 岁以上的男子组成,他们宣誓依法断案,甚至由抽签产生。③

---

① R. W. Wallace, *The Areopagos Council*, 83.
② Aristotle, *A. P.*, 25;参见 Politics 1304a200;参见 R. W. Wallace, *The Areopagos Council*, 77ff. 。
③ M. H. Hansen, "The Athenian Heliaia from Solon to Aristotle", *C & M*, 33 (1982)9—47.

很难弄明白为什么需要抽签产生一个法庭的成员,很可能法庭是由愿意出席审案的所有 30 岁以上的公民组成。不过,法庭还是有别于公民大会——这是一个更有资历的公民的机构,这些人受神圣誓言的规约,做出比全体公民大会更有经验的裁决。

就我们所知,公元前 4 世纪的陪审法庭是一个更加复杂的组织,因为这种组织需要若干个法庭同时开庭运作。在公元前 4 世纪,每到年初,从自愿服务的公民中抽签产生一个 6000 名陪审员的委员会。在每个开庭日,再次从到场的陪审员中抽签产生不同规模的陪审团,这些陪审团又以抽签的方式分派审理当天的不同案件。在雅典这套完善的陪审法庭制度中,为保证陪审团是雅典公民人口的随机横截面,可谓煞费苦心,因而出现了一个无偏见的法庭,①其构成无法预知,行贿几乎不可能。

梭伦创立过由行政官法庭到民众法庭的案件转移(ephesis)(Aristotle,*A. P.*,9)。这在正常情况下被视为行政官员向民众法庭的上诉决定,但案件转移并非一定意味着"上诉",也可以描述为案件自动转移至另一个审判场所。② 然而,梭伦那个单一的民众法庭不太可能审理先前由九执政官审理的所有案件,所以在梭伦时代,案件的上诉似乎比自动转移更有可能发生。到了公元前 5 世纪后期,向陪审法庭的案件转移已经自动发生。这可能就是厄菲阿尔特改革的一部分,或许出现的时间略早或略晚,③但是肯定比单一的民众法庭被多个陪审法庭取代要更晚一些,说是公元前 5 世纪某个时期更靠谱。

以上变化不管发生于何时,极大地提高了陪审法庭的司法地

---

① Aristotle,*A. P.*,63ff.;参见 E. S. Staveley,*Greek and Roman Voting and Election*,95—100。关于对法庭暗箱操作的尝试,见 G. M. Calhoun *Athenian Clubs* 71ff.。

② E. Ruschenbusch,"Ephesis",*ZRG*,78(1961)386—390;R. Sealey,*The Athenian Republic*,65,该文认为梭伦把所有案件都转移到了民众法庭。

③ C. Hignett,*The Athenian Constitution*,397f.

位。除了巡回法官处理的小案（由庇西特拉图［Peisistratos］创立并在激进民主制中保留），①或仲裁案以外，其他所有案件都由有代表性的、筛选过的民众组成的法庭去断案，但法庭不仅仅是把司法控制权交到平民手上，平民还经常处理城邦政务，因为全体公民大会难有充裕的时间对所有政务予以仔细斟酌。

陪审法庭审理关于行政官员（包括议事会成员）转移过来的任职资格审查案和卸任账目审核案，即关于某职务人选是否适合任职以及某卸任行政官员是否称职这样的审查工作。然而，一个犯错出格的行政官员更可能会在任期届满之前就被罢免，②而在公元前5世纪，这种罢免决定可能要公民大会，而非法庭才能做出。违法法令诉讼（graphêparanomôn，通过该诉讼可以驳回与现行法律相悖的法令）也提高了民众法庭的政治地位，因为法庭可以裁定公民大会的法令是否合法，这项权力以前归战神山议事会。③ 陪审法庭被再次用来保证周祥地处理难题，而全体公民大会要留出足够的时间讨论这些难题，这很难做到，那么即便公民大会无法控制一切，陪审法庭成为平民仍能控制决策的一个渠道。

厄菲阿尔特的改革及其相关发展意味着决策权向三大民众机关（即五百人议事会、公民大会和陪审法庭）的重大转移。议事会获得了对行政官员的控制（行政官员审理的案件被转移到法庭）。公民大会可以罢免行政官员（依然可能是案件向法庭的转移），其

---

① 参见 Aristotle, *A. P.*, 26, 3。这些做法是庇西特拉图最先引入（Aristotle 16, 5），并可以审理最多涉及 10 德拉克马的案件（Aristotle, 53, 1），这种做法在公元前 5 世纪再度实施。
② J. T. Roberts, *Accountability in Athenian Government*, 24f.
③ 违法法令诉讼首度被证实于十将军审判（见下文，n. 44），但该法显然当时已经牢固确立了下来。J. T. Robert, *Accountability in Athenian Government*, 153 则将其视为对陶片放逐法的替代，但如果亚里士多德在《雅典政制》中的说法正确，即认为厄菲阿尔特把战神山议事会"额外的"权力移交（而非废除）给了五百人议事会、公民大会和陪审法庭，那么，这就很可能是对"法律捍卫者"的取代及对陪审法庭的权力移交。

决定不再可能被雅典上层阶级的机构（即战神山议事会）推翻，而只可能被普通平民组成的陪审法庭推翻。陪审法庭获得了司法控制权，并对棘手的政治案件做决断。与此同时，行政官员的角色被限制。他们丧失了司法权，其角色被局限于保证执行法庭的正确程序。至于其他行政领域有什么行动，我们的证据相对较少，但情况似乎是这样，行政官员越来越被当成公民大会政策的执行者，而非政策的制定者。即便是军队将领，情况也如此（尽管出于对将领经验的保障，他们需要继续由选举产生）。尼基阿斯曾授命在西西里全权作战，但依然认为在无雅典发令的情况下，他无权下令撤兵(Thucydides, VII 48, 3, 参见 VII 10, 15, 1)。

厄菲阿尔特改革之后过了几年，民主制又前进了一步。公元前 457—前 456 年，执政官职位向双牛级（即梭伦财产等级的第三级）开放了(Aristotle, A. P., 26, 2)。这使执政官职位向大致半数的成年男性公民开放。再到后来（具体时间不详），公职候选人不再回答梭伦财产等级的问题，甚至有日佣成了行政官员（甚至成了司库，这种职位理论上仅向五百斗级开放[Aristotle, A. P., 47, 1]）。最后这个改变肯定是在公元前 5 世纪末发生的，因为老寡头说(A. P., i, 2)，海军平民保卫了城邦，所以他们有权统治城邦。假如海军平民不可以担任行政官员，老寡头的话就无从谈起。

军队将领的候选资格很可能也经历过类似执政官职位的变化过程，同时，低阶官位很可能在更早的时候就向低等级人士开放了。遗憾的是，今天根本找不到可以让我们勾列发展过程的证据。

接下来一个有案可查的改革是伯利克里推出的陪审员津贴制(Aristotle, A. P., 27, 2)。只要陪审员不领津贴，所有公民服务法庭这种理论上的机会平等就会让位于贫民的劣势，因为穷人必忙于生计，难有闲暇参与政治活动。津贴规定为每天 3 奥卜尔，低于非技术工匠一天所得，这样安排不至于给穷人提供一种谋生之道，而只是给他们支付一天的开销，民主制的批评者唱反调时就说担心穷人以此谋生。① 不过,由于雅典劳动者不太可能一年四季每天都找得到活计,所以陪审员的津贴可能代表了一个穷人在收入之外有一笔乐于接受的补贴。

议事会成员也推行受薪制,最早的证据是公元前411年民主制议事会的解散,其中暗示议事会成员根据出席天数按日领取津贴(Thucydides, VIII 69,4)。老寡头就说公职带津贴当时已很普遍(A.P.,i,3),在后来的伯罗奔尼撒战争期间,又推出了公民大会与会津贴,但标准低至一日2奥卜尔。②

## 终极民主制的运作

广泛使用抽签制和津贴制,造成这样一种结果,所有想担任公职的雅典公民,无论贫富,都有平等的抽签任职机会。现在的议事会每年有500个席位要填补,30年产生一代人,就有1.5万个席位要填补。这是希罗多德(V 97,2)给出的雅典3万成年男性人口的一半。由于议事会可以有第二任期,多达半数的人口都选不上似乎不太可能,更可能的情况是由相当可观的一部分雅典人出于各种原因而不愿做议事会成员。③ 那么,愿意在一生中做一两次议事会成员的人口比例就介于雅典总人口的三分之一与二分之一之间。(鉴于我们掌握的雅典人口数目和第二任期出现频率的相关证据都不太确定,精确度不可能再提高。)这显示,在雅典民主制实际运作中,其全体成年男性公民的相当一部分——但绝非全部——有参与其中。此外,比例更低一些的人口会在其一生中出任行政官员(这两个群体很可能有相当的交叉)。雅典人参政的群体是非常大的。

---

① A. H. M. Jones, *Athenian Democracy* 37,参见 81; Minor Markle III, "Jury Pay and Assembly Pay in Athens", *Crux*, 265f.。
② Aristotle, *A. P.*, 28,3;参见 Aristophanes, *Frogs*, 140。
③ 关于不参政的各种理由,参见 L. B. Carter, *The Quiet Athenian*。

## 第五篇　终极民主制的发展

　　五百人议事会是雅典民主政体运作的关键机构。议事会的组织方式是为了便于维持公民的平等，但是这个公元前5世纪的组织形式有多少成分可以追溯到克里斯提尼，我们不得而知。议事会成员最多两届任期的限制，会防止某个群体的出现，这种群体有明显的自身利益，而不一定与全体人民的利益相同。[①] 基于同样的理由，负责主持议事会常委会、议事会和公民大会等的会议主席每天换一人，不可再任。[②] 即使在公元前4世纪，感觉如此重任对任职者压力太大，雅典人也未创立一个强势的主持官员，而是继续每天更换主席，并任命九人主席团，这些人从议事会的另外9个部落里随机选出，协助主席履行职责，他们也是每日一换。

　　为了确保议事会的行动效率（很可能为了防止出现幕后帮派），克里斯提尼式的十部落中的一个部落会当值做执行委员会，为期一年的十分之一（当值顺序由抽签来定），执委会在任期内应在国政厅随叫随到（Aristotle, *A. P.*, 43, 2*f*）。通过这种办法，议事会的公务可以迅速有效地安排妥当，而负责安排的这群人随机产生，他们在雅典人口中是有代表性的。

　　五百人议事会的职责很广泛，它对公民大会的议程提出草案（预先建议之意）（虽然不能从公民大会上排除一个议题，但可以引导议事会对已有议题形成一个草案[③]），要么直接建议就某议题展开讨论，要么推出具体的甚至内容详细的提案。议事会执行行政官员任职资格审查和卸任账目审查，对广泛的事务实施监督，包括财政、海军船坞和宗教。[④]

　　到公元前5世纪中期，雅典人已经把大部分政治决策权转移

---

[①] A. H. M. Jones, *Athenian Democracy*, 105.
[②] Aristotle, *A. P.*, 44 1; R. A. de Laix, *Probouleusis*, 162.
[③] A. H. M. Jones, *Athenian Democracy*, 121; P. J. Rhodes *The Athenian Boule*, 52ff.
[④] 参见 P. J. Rhodes *The Athenian Boule*，多处提到五百人议事会的各项职责。

给平民组成的大型机关。由于公民大会不可能事无巨细地包揽决断,有些决定需要陪审法庭和议事会这种规模较小,但有实权的机构去做出。抽签的运用,议事会禁止两轮以上任期的规定,其目的都是确保这些机构的民众代表性不至于变成明显的特殊利益团体。当行政官员成为别处所制定的政策的执行者时,其决策地位便下降了,但他们也属于民众成分结构的典型代表,因为他们是抽签产生的,只有军队将领例外。

民主制的批评者抱怨说,这种制度缺乏效率,因为无法确保专家决策。① 然而,这没有击中要害。民主派相信普通人有能力处理政府日常事务,而且他们对不知天高地厚的逞能者很难容忍,就如关于柏拉图的兄弟格劳孔(Glaokon)的传说那样,他在公民大会上对自己基本不了解的事情胡说八道时,当场被轰下台(Xenophone,Mem. III vi)。

民主派也不是没有意识到,在特殊情况下,还是需要专家的。即便在公元前5世纪,我们都可以看到雅典人赋予行政官员全权处理某些事务。根据普鲁塔克的记载,地米斯托克利利在萨拉米,阿里斯蒂德在普拉提亚都有这种权力(Aristeides 8,1;11,1),这种说法很可能属于时代误植。② 首个确认的案例是布里亚法令,其中的创立者德罗莫克里德斯(Dromokleides)就是被这样描写的(IG I242),据推测,他被授权无需请示公民大会就可以对次要事务做决定。公元前415年派往西西里的3位将领和公元前407年的亚基比德都被授予了更广泛的权力。③ 但是,这两种情形中,将

---

① 例如[Xenophon],*A. P.* i 3; Xenophon *Memorabilia*,I ii 9; Plato,*Protagoras*, 319b—d。
② M. Scheele, STRATÊGOS AUTOKRATÔR,6—9。
③ Plutarch,*Nikias* 12,6; *Alkibiades* 18,3. 独裁者(autocratôr)在 IG I(2)98 第二行中貌似再度出现。关于公元前407年,见 Plut. *Alkibiades*,33,2;参见 Xen. *Hellenika* I v 16。

## 第五篇 终极民主制的发展

领均未免除对公民大会的责任,无论尼基阿斯还是亚基比德都担心对公民大会未批准的行动所要承担的责任;尼基阿斯在西西里眼看大祸临头也不愿撤军,亚基比德逃亡海外,也不愿为其下属在诺丁姆的失利负责。

五百人议事会受命全权调查"赫耳墨斯神像事件"(公元前415年,一群上流社会青年阉割了赫耳墨斯雕像的生殖器)(Andokides, *Mysteries* 141),特拉门尼(Theramenes)就在伊哥斯波塔米(Aigospotamoi)战役之后被任命为与斯巴达和谈的全权特使。对于受命执行某些可能非常棘手的特殊任务的人,激进民主派并不吝于授予其超出常规的权力,但他们最终还是把决策权保留在公民大会手中,一如安多基德斯及其同僚全权特使于公元前392年所发现的那样,当时他们与斯巴达议和的结果不被雅典人接受,因为这种和平要雅典放弃重整帝国的企图。①

的确有些激进民主派坚持认为一切权力归人民,人民应该能够为所欲为。在对阿吉纽西(Arginousai)海战(Xenophon, *Hellenika* I vii 12)中未能救回搁浅水手的将军进行审判时,这种看法就占上风。尽管法律规定被告应该按个体进行审判,但当时的提议认为6名返回雅典的将军应该由一次单一的投票来判决(这无疑也包括2名选择不回国的将军)。有人企图援引"违法法令诉讼法",结果动议者被威胁与将军们一同被审判,当议事会常委会拒绝将违法提案付诸表决时,除了苏格拉底之外,所有其他人都受到暴力恐吓,违法提案就被表决通过了。② 这种关头显然由平民大众做主,而不是依法办事,亚里士多德认为这是终极民主制的常态。然而,这可不是民主派认为民主制应有的功能,绝大多数民主派都会说,服从法

---

① Andocides III(关于和平)。Philochoros, FGH 328F149;关于政制的立场,参见 G. E. M. de Ste. Croix, "On The Alleged Secret Pact Between Athens and Philip II", *CQ*, 13(1963), 114。

② Xenophon, *Hellenika* I vii 10—23;参见 Plato, *Apology*, 32b1—c4。

律才是民主制的标记特征。① 在十将军审判案中,雅典人在伯罗奔尼撒战争中被击败,十将军未能完成人民托付的任务,并产生了一种紧张情绪,以致出现歇斯底里的情况,从而让公民大会僭越法律。② 事实上,雅典人对已经发生的情况有所追悔,并创立了"特殊审理程序法"(probole),专门用来起诉那些蛊惑民众的人,以便对那次非法审判乱局负有责任的凯勒伊诺斯(Kallixenos)及其他人施以处罚。然而,事实上,凯勒伊诺斯在雅典战败的公元前 404 年只是被逮捕而已,并未受审判,且在混乱中出逃(Xenophon, *Hellenika* I vii 35),这说明惩罚他的呼声并不太高。

# 科西拉

在建立于公元前 5 世纪的终极民主制城邦中,雅典并非唯一。科西拉(Corcyra)的终极民主制可以推断而知,不过其建立日期无迹可寻,至于叙拉古终极民主制创建可以确定于公元前 412 年。

修昔底德只是不经意地告诉了我们关于公元前 427 年科西拉内战时期的制度状况。我们应该留意到,民主派领袖们靠议事会任职来施加影响,而非(如雅典的伯利克里)靠担任行政官职。在议事会任职的不仅有亲雅典的领袖佩西阿斯(Peithias),还有许多其他属于寡头刺杀目标的 60 名民主派(Thucydides, III 70)。然而,除掉民主派并未收到预期的效果,我们很快发现新的一群民主派领导人出现了(Thucydides, III 70,75)。可以推测,科西拉政治

---

① R. Gamer, *Law and Society in Classical Athens*, 131; R. Sealey, *The Athenian Republic*, 106, 146;参见 Aeschines 14 & III 69; Demosthenes, XXII 73; Andocides, *Mysteries* 89; Hypereides, *Against Athenogenes*, 22。

② A. Andrewes, "The Arginusai Trials", *Phoenix*, 28(1974)112—122; J. T. Roberts, *Accountability in Athenian Government*, 113. 两名未身临阿吉纽西海战的将军并未受审。因此,"十将军审判案"一说有失准确。

参与的水平很高，60名重要的民主派领导人被刺杀后，还有政治经验丰富、能够领导平民的人继续顽抗。

科西拉的冲突不只是基于富人对穷人的斗争，那些寡头们被富有的自由民所引导，这些自由民被科林斯人俘虏后释放，被俘期间已经被科林斯人成功洗脑。① 然而，贫富之间的阶级仇恨强烈，双方都像奴隶许诺自由，呼吁他们加入自己的阵营。奴隶倾向于站在民主派一边，可能因为奴隶对主人怀有敌意，奴隶主多半是寡头。②

修昔底德的证据只不过让我们推断，科西拉的民主制已经呈现出至少终极民主制的某些特征，并因强烈的阶级仇恨而历经坎坷。来自公元前4世纪和稍晚期的碑文史料揭示了科西拉的政制，其中议事会扮演着突出的角色，执政官的角色不是非常明显。就修昔底德所揭示的情况而言，看起来相当类似公元前427年实施的政制，很可能存在一个科西拉民主政制，在伯罗奔尼撒战争的纷扰中，一直相对稳定。

法令是由法庭(halia，即heliaia的多利安变体)通过的，我们还发现有两个官员，其官职表明了对某种会议的主持工作：议长(prytanis)和主席(prostatas)。③ 遗憾的是，碑文未说明这两种职位有何区别，但极可能是负责主持不同类型的会议。

在《古希腊铭文集成》(IX 1,694)里，议长的名字与月份列在一起，以标注法令出台的时间。这暗示其任职不只一个月，很可能是一整年。他有可能是唯一的主持官员，④但即便如此，这与雅典

---

① Thucydides, I 55,1; III 70,1; 参见 I. A. F. Bruce, "The Corcyrean Civil War of 427 B. C.", *Phoenix*, 25(1971)109, 参见 116。
② Thucydides, III 73; 参见 A. Lintott, *Violence, Civil Strife and Revolution*, 109。
③ IG IX 1,682 & 694; G. Busolt, *Staatskunde*, 442.
④ 这一观点参见 G. Busolt, Staaskunde, 482 n1。然而，在科西拉，找不到"议长"(prytaneis)这个词复数形式的证据。

的反差还是很明显,雅典的主席团任职一个月36天①,主席团成员之间地位平等。这更像阿尔戈斯,其议事会可以被当作是"亚里斯吞(Ariston)身边的门客"。

我们还发现有两种官员,分别叫"议案筹备员"(probouloi)和"预审员"(prodikoi)。从字面上看,可能会认为他们的职责分别是为公民大会准备议程和为法庭组织预审。然而,他们不知为何居然在一起工作,在公民大会做出决策后,他们一起审查提案是否与其他民主决策有冲突。② 议案筹备员和预审员似乎构成科西拉议事会的一部分,或者说整个议事会,其职责似乎也比雅典议事会更广泛。

一项古希腊法令(《古希腊铭文集成》IX 1,694)表明,议案筹备员和预审员各司其职:预审员审理无需保证金的案子,记录罚金并转交给议案筹备员的接案秘书。涉及金额超过300德拉克马的案子移交给陪审法庭(只有这种情况才会开庭)。预审员显然还有一些与陪审法庭一起发挥的功能(或许是像雅典那样的大型陪审法庭),只是我们无法还原其细节。

在科西拉的民主制形式中,大型民众机构扮演了重要的决策角色,但是这些机构至少在我们看来,相对于雅典的终极民主制,呈现出鲜明的差异。科西拉议事会扮演了更广泛的角色,承担着属于雅典行政官员和陪审法庭的职责,同时具有一种不同类型的内在结构,可能是协助议事会履行更广泛的职责。然而,如果议事会更广泛的职责指的是科西拉更多的民众参与,那么其他特色所代表的则正好相反。雅典的议事会主席按日轮值,以避免其产生权力基础;科西拉似乎把主席的职责分摊到了两个职务里。这可以让两人相互掣肘,但在淡化权力方面不及雅典的做法有效。公

---

① 译注:古代雅典的"议事会年"分为10个"部落月",此处为"部落月"的天数。
② IG. IX 1,682,10ff; 685; 686; 694,9f & 45. 关于法令的合法性,参见 IG. IX 1, 683;G. Busolt(*Staaskunde*)将"预审员"(prodikoi)说成"市政官"(syndici)。

元前 427 年的议事会出现了为数可观的民主派骨干，这说明对议事会成员连任如果真有禁令的话，也没有像雅典那样严格执行。这又会降低在科西拉人民中淡化权力的程度。基于如此有限的证据来看，在向全部有意者确保参政机会平等这件事情上，科西拉的参与式民主制形式没有雅典那样有效。

# 叙拉古

公元前 416 年，叙拉古的民主制是一种中级过渡类型，其阶级对抗相对强烈。当赫墨克拉底（Hermocrates）设法劝说叙拉古人采取措施对付雅典的威胁时，民主派领袖雅典阿哥拉斯（Athenagoras）公开指责这是谣言，是把政府推向寡头方向的伎俩。① 这时有一个将军站出来让大家闭嘴。他把这种制造分裂的讨论归结为无益之争，并解散了公民大会（Thucydides, VI 41）。修昔底德的措辞没有解释清楚该将军或许是像公民大会的主持官那样行使正式权力，还是如伯利克里曾经所为，仅仅在运用其威望来获得这个结果。伯罗奔尼撒陆军在阿提卡期间，伯利克里就阻止过雅典公民大会召开。② 有可能叙拉古的将军们主持公民大会，于是他们比雅典将军拥有更大的民事权威，但我们无法确定当时是谁在主持叙拉古公民大会。③

然而，一旦雅典人来到西西里，他们形成的威胁到底有多大就不容争议了，叙拉古人听从赫墨克拉底的建议，撤换了他们的十五

---

① Th VI 35；修昔底德对雅典阿哥拉斯的描写与他在 III 36, 6 中对克勒翁的描写惊人地相似，见 A. W. Gomme et al. Commentary IV 301。

② Thucydides, II 22；参见 C. Hignett, *A History of the Athenian Constitution*, 246ff.；E. F. Bloedow, "Pericles' Powers in the Counter Strategy of 431", *Historia* 36(1987)25ff.，该文坚持认为，伯利克里被投票赋予特别权力，但其地位并没有一个由此创立的头衔。这个看法似乎有些奇怪。

③ B. Caven, *Dionysius* I, 54。

将领委员会，取而代之的是更有效率的三人委员会（此二者很可能都是以三大多利安部落为基础的）。第一个三人委员会很快就被罢免了，但是叙拉古人又选出了另一个三人委员会，并继续选出为数不多的将军来指挥余下的战争。① 第一个三将军委员会被罢免似乎并非是因为要反对有所被察觉的寡头特征，而是因为赫墨克拉底及其同僚未能迅速取得战果。在整个这段时期，叙拉古的领导人在位没多久就会被赶下台，这成了一种固定的套路，从而帮助建立了狄奥尼修斯（Dionysios）僭主统治。②

叙拉古人击败雅典人之后不久便改弦易辙，放逐了赫墨克拉底及其同党，尽管后者仍矢志不渝在爱琴海地区抵抗雅典（Thucydides，VII 85,3），力图像亚里士多德说的那样，把良性治国之术（politeia）转变为民主制，即把欠完善的政制转变为终极民主制。狄奥多罗斯（XIII 34,6）提供了一些细节，支持新政制为终极民主制的看法。在狄奥克勒斯（Diokles）领导下的叙拉古人推出了抽签任职的办法（将军选拔除外），③任命法律委员会（狄奥克勒斯似乎就是其领导）起草新法律。

狄奥克勒斯的描述显然不算详尽，而且进一步改革还需要确认。如果将军们在雅典入侵前主持公民大会，那么他们已经丧失了这项权力。我们发现公元前 411 年叫做执政官（archontes）的行政官员与一个后来变成僭主的将军狄奥尼修斯（Dionysios）不和，④这些执政官与将军们是有区别的。或许在狄奥克勒斯的改革中，行政官员的权力已经被弱化，将军委员会的民事职责也被削减，其部分权力转

---

① Thucydides, VI 72f; 103, 4; VII 70, 1; 见 M. Scheele, *STRATÊGOS AUTOKRATÔR* 35；关于多利安部落，参见 G. Busolt, *Staaskunde* 130。
② A. G. Woodhead, *Thucydides on the Nature of Power*, 81—83。
③ D. S. XIII 92,1 表明，将军们继续由选举产生，参见 Aristotle Politics 1317b20。
④ Thucydides, VI 41, 1; D. S. XIII 91, 4; 参见 M. Scheele, *STRATÊGOS AUTOKRATÔR* 32。

移给了其他(可能是新任的)行政官员。在这种环境中,像公职津贴制的推出这类改革似乎很可能出台,但是结论还不算十分确定。

叙拉古的狄奥克勒斯改革与雅典的厄菲阿尔特改革形成有趣的呼应。两者的海军平民地位都很重要。在雅典,当重装步兵离乡远征伊汤姆,而海军未出征,这就增加了公民大会构成的激进成分,而赫墨克拉底和海军的不在场想必也产生了正好相反的效果。① 可是,亚里士多德把变化归因于打败雅典的战斗中平民所扮演的角色(*Politics*,1304a27),而那次胜利主要是靠海战取得的。我们不应忘记,在雅典军队面前,叙拉古的重装步兵表现糟糕,这很可能严重打击了他们的士气。

对于雅典的客蒙和叙拉古的赫墨克拉底,手握军权的保守派头面人物缺席可以被当作给激进派帮忙的共同因素,②但是我们也不应忘记,海军平民自信大增,其治国权利的诉求已被承认,他们毕竟保卫了城邦。这一点即便老寡头(A.P.,i,2)都不否认,尽管他一直敌视海军平民,其他人很可能已经更愿意秉持公正。

对于新的叙拉古终极民主制来说,很不幸的是,叙拉古遭到迦太基人的猛烈进攻(他们感到自己对西西里西部的控制受到雅典扩张的威胁),与此同时,叙拉古又把保守派头面人物推到对立面。首个激进派领袖狄奥克勒斯因在希米拉(Himera)(他不仅被击败,而且在迦太基人撤离的情况下未能掩埋己方阵亡官兵的遗体)失利而遭放逐(Diodoros XIII 6,3 & 75,5)。未来的僭主狄奥尼修斯随后结合极端煽动和保守派的支持,成功获选为独裁将军,而当他自己也不再受人爱戴时,就利用雇佣军(他保证按时发薪,而民主政体则拖欠薪水)来掌权,于是民主制被颠覆。③

---

① A. Lintott,*Violence,Civil Strife and Revolution*,194.
② B. Caven,*Dionysius* I,25.
③ D. S. XIII 95;112,XIV 7—9,关于狄奥尼修斯在叙拉古内部获得的支持,史料参见 L. J. Saunders,*Dionysius I of Syracuse and Greek Tyranny*,90。

# 第六篇 公元前4世纪的民主制

詹姆斯·奥尼尔

## 第一次寡头制复辟

在公元前5世纪末,民主制的前途似乎已经暗淡。雅典的民主制被斯巴达人消灭,斯巴达海军统帅莱桑德(Lysander)已经系统地镇压了民主政体,在爱琴海地区开启了寡头政体,这不仅包括支持过雅典的城邦,也包括斯巴达自己的盟邦,取而代之的是由莱桑德的朋友组成的十人委员会(由十人组成的政府)(Plutarch,*Lysandros*,13;参见 Xenophon,*Hellenika* II iii,7)。狄奥尼修斯在西西里推翻了叙拉古民主制,在全岛各地尽其所能实施僭主统治,即除迦太基省,其他地方均不例外,可以说把僭主统治延伸到意大利靴形的脚趾头了。斯巴达人并未采取一种毫无保留的政策去推翻其盟邦的民主政体,尽管那些盟邦与民主派同属一个阵营,但只要斯巴达在攻击现行民主政体时,他们乐于支持寡头就行了。公元前401年厄利斯在遭受斯巴达进攻时发生的寡头未遂政变很可能得到过斯巴达人的鼓励。[①] 当厄利斯民主派领袖色拉叙达俄

---

① R. K. Unz,"The Chronology of the Eleian War",*GRBS*,27(1986)31.

斯(Thrasydaios)主动接受斯巴达提出的条件时,苟且的和平得以实现,但厄利斯至少在一段时期保持了民主制(Xenophon, *Hellenika*, IV ii 30)。

不过,这次民主制苟延的时日不长。① 根据媾和条件,斯巴达人夺走了隶属厄利斯人的那些村庄(就像隶属斯巴达的边民庇里阿西人[Perioikoi]一样)。可是,就在公元前 394 年的尼米亚(Nemea)河战役中,那些村民还在伯罗奔尼撒陆军中和厄利斯人编在一个队伍里作战(Xenophon, *Hellenika*, IV iii 16)。斯巴达人基本不会容许战败且不可信任的厄利斯民主派重新控制刚刚解放的村庄,不过,如果换成一个可靠的亲斯巴达寡头政体,则很可能获得这样的奖赏。

厄利斯民主派已经放弃与斯巴达的结盟,而这种同盟曾经是该城邦的外交政策基石,于是厄利斯的厄运来了。城邦领土惨遭蹂躏,属下村庄被夺走。民主派无法重获其在厄利斯的牢固地位,而寡头们则在斯巴达盟友的帮助下东山再起。② 如此一来,民主派受到的支持就被破坏了。

民主派培养靠山的企图并未给厄利斯带来相应的支持,例如公元前 404—前 403 年色拉叙达俄斯捐献 2 塔兰特的钱资助雅典民主派在色拉叙布洛斯(Thrasyboulos)的带领下从斐勒(Phyle)向普雷埃夫斯进军([普鲁塔克], *Lives of the Ten Orators* 835F)。雅典人反而信守与斯巴达人订立的条约,追随斯巴达的领导,参加对厄利斯的进攻,这也使厄利斯民主派的外交政策声誉扫地。

到了公元前 365 年,厄利斯尤其在再度放弃与斯巴达结盟以后,其民主派又重振雄风,希望夺回权力。民主派在阿卡迪亚人的

---

① K. J. Beloch, *Griechische Geschichte*, 2 ed., 18f.
② H. Swoboda, "Elis", *RE*, V 2395—2403.

支持下夺取了厄利斯卫城,但是骑兵和三百人大队(一种精锐步兵)把他们赶跑了。① 阿卡迪亚人当时正在收罗有依赖性的老村庄加入其联盟,凭借阿卡迪亚人的支持,不可能把厄利斯的爱国者和帝国主义者争取过来。

民主派再度采取了一种伤害厄利斯这一小帝国的外交政策,厄利斯回归斯巴达同盟并继续沿用寡头政体。

在公元前 362—前 361 年的条约中,雅典及其盟邦承担了保护厄利斯政制的责任,其政制被小心翼翼地描述为良性政体,而非民主政体。寡头制在美塞尼亚(Messenia)的帮助下被推翻了,但是到公元前 343 年,马其顿的菲利普之友再度推翻民主制。② 厄利斯实行民主政体的时间相对较早,并在整个公元前 5 世纪都维持了稳定的民主政府,但在公元前 4 世纪,寡头们主导了城邦政府。骑兵和精锐部队(据推测是常备军)的角色提醒我们公元前 418 年阿尔戈斯发生的事件,但是阿尔戈斯的精英范围太局限,无法保住权力,而公元前 4 世纪的厄利斯寡头政体似乎享有更广泛的支持。在整个公元前 4 世纪,厄利斯的民主政体已然失去重要的支持。

寡头制与爱国热情联系起来,又控制了具有依赖性的村庄,这无疑形成一种重要因素,以至于厄利斯民主制丧失了中产阶级的支持。色拉叙达俄斯个人激进领导风格的出现可能疏远了某些厄利斯的精英,一如克勒翁的政治风格在雅典所为。③ 色诺芬把色拉叙达俄斯描绘成一个粗鲁的醉汉,我们接受这种画风时也应该

---

① Xenophon(*Hellenica* VII iv 16—18. Swoboda,2403)认为,民主派已然掌权,但未解释他们当时为何有必要夺取卫城。
② Styll3 181m 30;Pausanias. IV 28,4—8,参见 Plutarch,*Moralia* 805D;Demosthenes 19,294,参见 Diodoros,XVI 64,4ff. 。
③ W. R. Connor,The New Politicians of Fifth Century Athens,139ff,194ff.,关于克勒翁更积极的角色的证据,参见 A. G. Woodhead, "Thucydides' Portrait of Cleon" Mnemosyne,13(1960)289—317。

谨慎,因为厄利斯战争期间,色诺芬并不在希腊,他对所发生事件的信息依赖于亲斯巴达派的来源。① 色拉叙达俄斯一直到厄利斯战争结束,都保有民众的支持,而他领导的民主政体是怎么被推翻的或者为什么被推翻,我们只能猜测而已。

## 叙拉古

正如我们在上文中所见,狄奥尼索斯的野心尚未导致其夺取政权,民主制就垮台了,叙拉古明显的阶级冲突促成了这种情况。该邦有依靠奴仆式劳作的大型农庄,重甲步兵群体的力量相对弱小,这些都无助于叙拉古民主制的生存。②

公元前375年,狄奥恩(Dion)驱逐狄奥尼修斯二世(Dionysios II),将其软禁于叙拉古要塞,但这并没有反映权力的现实。狄奥恩和他的兄弟当选为全权将军(Diodoros XVI 10,3)(狄奥尼修斯凭借该职位成为僭主),狄奥恩随后使用其权力否决了公民大会选出的政敌(也是狄奥尼修斯一世的同僚)赫拉克利德斯(Herakleides)做海军统帅(Plutarch, *Dion*, 38, 9)。狄奥恩获全权将军职位的手法与其上一代姻亲老狄奥尼修斯的手法如出一辙。狄奥恩的地位非武力不可撼动,他后来被从前的支持者雅典人卡里波斯(Kallippos)刺杀。③

公元前340年左右,在科林斯人提摩勒昂(Timoleon)的努力下,叙拉古又恢复了民主制(Diodoros XVI 70,5; Plutarch, *Timo-*

---

① J. K. Anderson, *Xenophon*, 149, 170f.
② A. Lintott, *Violence, Civil Strife and Revolution in the Classical City*, 189, 199f;
  J. L. O'Neil, *The Nature and Development of the Sicilian Tyrannies*(未出版的硕士论文, Sydney), 76—100; B. Caven, *Dionysius I* 13.
③ Plutarch, Dion, 38, 9; 57; 参见 A. Lintott, *Violence, Civil Strife and Revolution* 203—213.

$leon$,24,3)。提摩勒昂确实鼓励言论自由,甚至禁止其支持者禁言批评自己的人(Plutarch,$Timoleon$,37,20),但他终身都保持了在叙拉古的影响力,叙拉古人需要决策时总会征求他的意见。

提摩勒昂似乎不像一个激进民主派,[1]他或者他的科林斯幕僚凯法洛斯(Kephalos)修订了狄奥克勒斯的法律,合约和继承法没有动,但凡涉及公共事物则有错必纠(Diodoros XVI 82,6)。狄奥克勒斯的法律貌似属于公元前4世纪激进民主制,但也有解释不过去的地方。或许"狄奥克勒斯法律"变成了叙拉古法律的传统叫法,[2]如雅典的梭伦法,或许叙拉古在更早时期出现过同名的立法者。[3] 狄奥多罗斯肯定(XIII,35)把激进改革者狄奥克勒斯装扮成古风时代在身后被赋予英雄地位的立法者,而在其他地方(XIII,75,5)他又把狄奥克勒斯说成是未在希米拉战役中掩埋阵亡者而遭放逐的人。

提摩勒昂并未恢复终极民主制,而是推出一种不太激进的民主制形式,很可能希望以不太极端的民主制形式赢回富人的支持。然而,提摩勒昂在叙拉古创造的内部和平并不比他的寿命更长。他去世后,苏斯特拉图斯(Sostratos)的党人就被指控为帮派统治,然后又成立了六百人寡头政府,但很快就受到阿加托克勒斯(Agathokles)的挑战,后者运用蛊惑煽动,对富人大肆屠杀而获选为千夫长,终于在公元前317年重建出于其私利的僭主暴政($Diodoros$

---

[1] 狄奥多罗斯记载了公元前343/342年和前339/398年的政制改革(XVI 16),M. Sordi(Timoleonte 48,77—86)坚称提摩勒昂于公元前339年在叙拉古建立了寡头制(在其最初于公元前345年支持民主制之后),但是提摩勒昂及其支持者在科林斯属于民主派:Sordi 9ff.,参见 Plutarch $Dion$,53,2。R. J. A. Talbert($Timoleon$ $and$ $the$ $Revival$ $of$ $Greek$ $Sicily$,130)指出,古代权威观点认为提摩勒昂的政制是民主的,但又承认他设置了相对于 Diokles(133ff)而言又不太激进的政制,并于公元前339年从激进民主制转向这种政制。

[2] R. J. A. Talbert,$Timoleon$, 135f.

[3] B. Caven,$Dionysius$ $I$,25.

XIX, 3—4)。在叙拉古,周期性的贫富阶级冲突造成了不稳定的政府,但是无论对哪一方而言,都不可能维持太久,甚至提摩勒昂用过渡民主制形式的尝试也未能提供超过一代人的解决方案。

## 民主制的回撤

我们也发现在希腊本土之外的若干城邦中,民主政体出现倒退。图里奥伊(Thourioi)在公元前5世纪曾经是民主政体,但在公元前4世纪经历了一系列政制变化,其中两件事在亚里士多德的《政治学》中有简略提及。第一件事(1307a27)是贵族统治转变为其对立面,即平民统治。图里奥伊公职的高阶资格要求被降低,公职数量也有所增加,但是富人垄断了土地,而战争锤炼出来的平民又在卫队里具有压倒性优势,并强迫富人退出土地。第二件事(1307b6)是贵族统治被一些算不上重大的举措所破坏。在图里奥伊,本来法律禁止将领任期结束后未满4年者再次当选,但是有一群在卫队里有声望的青年试图修改这项法律,因为他们鄙视当权者,相信人民会选他们。负责相关事务(维护法律)的行政官员"护法官"(symbouloi)最初不答应,但后来又同意修改法律,寄望其余的宪法可以保留。然而,他们发现更多的变化已经势不可挡,城邦政制成为了一帮小集团的统治,其成员就是那些最初要求变法的人。在公元前4世纪发生的这两件事都显示了卫队的地位,士兵显然全职负责保卫乡村,当时包括图里奥伊这样的意大利城邦不断受到卢卡尼亚人(Lucanians)和布鲁蒂亚人(Bruttians)的抢掠,城邦采取特别措施保卫其乡村(Diodoros XIV 101, XVI 15)。关于图里奥伊此时的内政还有柏拉图一句带过的评论(*Laws*, 636B),这是唯一的其他信息,柏拉图说,青年参加公餐和运动会(他们聚会的地方)一般来说是可取的,但是在内乱时期就有不良影响,事实上就是如此,其中图里奥伊就是一例。

仅凭这点单薄的证据就重构图里奥伊的内部历史,肯定不可行,甚至确定亚里士多德所记载的两件事哪一个先出现都不可能。① 图里奥伊显然经受了公元前 4 世纪的政治动荡,贵族政制两度被推翻,肯定至少有一次复辟。平民的权力衰落了;平民不再构成图里奥伊的正常统治阶级。不过,平民在贵族政制中仍然扮演有影响力的角色,而这似乎是公元前 4 世纪图里奥伊最常见的政府形式。

当外国威胁和阶级斗争冲淡叙拉古民主制的时候,图里奥伊的民主制也遭到了破坏,但是结果出现的是寡头制,而非僭主制。

庞托斯(Pontos)的赫拉克利亚(Herakleia)也是类似的情况。庞托斯曾实行民主政体,或者至少是下层阶级享有表决权的政府。上层阶级的不满曾导致狭隘的寡头制建立,但又垮台了,接下来出现了一个民粹主义煽动家克利尔科斯(Klearchos),此人当选为全权将军并建立僭主王朝。② 这里与叙拉古的相似之处值得注意,我们可能发现赫拉克利人中存在半自由阶级的依附性人群,这些人甚至受雇为海军的水手(Aristotle, *Politics*, 1327b14),所以我们可以推论,赫拉克利亚富人拥有大量的农场地产,这与叙拉古的情况如出一辙。公元前 4 世纪,希腊殖民世界陨落的第四个城邦民主政体是昔兰尼。巴蒂亚德(Battiad)王朝被推翻后,民主制起而代之,很可能建立民主制对于赢得下层阶级的支持很有必要,这些人否则会认为王室是他们的保护者,

---

① G. Busolt(*Griechische Geschichte*,III,1 533n5)得出结论,认为第二个事例中的"少数统治权"(dynasteia)即由一个民主政体所推翻的政制,而 W. L. Newman(*Commentary on Aristotle's Politics*,IV)则暗示民主制是蜕变为"少数统治权"的那种政制。两者都假定亚里士多德能简短地给出一种政制的两种不同分类。更可能的情况是,公元前 4 世纪在图里奥伊出现的政制变化超过了亚里士多德在《政治学》中所记载的内容。
② Arist. *Politics* 1304b 30;1305b5;1306a37;Justin XV 4;Polyainos II 30;见 A. Lintott,*Violence*,*Civil Strife and Revolution*,Appendix II 提供了全面的探讨。

他们毕竟还受地主的压迫。① 不过,一旦王室作为昔兰尼的政治因素被除掉,贫富阶级之间就闹翻了,以致到公元前 401 年,昔兰尼已被置于寡头统治之下。那一年,一个叫亚里斯吞(Ariston)的人与几个同党夺取了城邦,杀了 500 个权势人物(hoi dunatotatoi),流放了许多名士(hoi charietatoi)。经过一轮血雨腥风才出现妥协,双方最终同意共治城邦(Diodoros XIV 34),好像颁布基本法令(解释几个世纪前创立昔兰尼的基本法规)的民主政体就是这一届妥协政权。②

在某些历史条件缺乏记载的情况下,昔兰尼再度恢复了寡头制。当哈帕洛斯(Harpalos,此人替亚历山大大帝管钱,却卷款而逃)的前副手和后来的刺杀者提谟布戎(Thibron)于公元前 323 年入侵昔兰尼,试图重聚一帮流亡者时,在这个遭受围困和饥馑的城邦里,阶级冲突终于爆发,民主派驱逐了富人,一些富人逃到提谟布戎,另一些则去了埃及总督托勒密那里(Diodoros,XVIII 19—21)。显然,民主派在其对手遇到危机时仍有足够的力量夺权,但是他们再也不能在昔兰尼组成正常的政府了。托勒密对昔兰尼适时干预,重建了寡头制。托勒密最后的解决方案是以更开放的一万人寡头制取代狭隘的一千人寡头制(SEG 9, 1),③但这看起来是向民主制最低限度的妥协,此后,昔兰尼再未出现民主的痕迹。

在昔兰尼、叙拉古、图里奥伊和赫拉克利亚,富人和普通平民之间的悬殊非常大。昔兰尼的富人拥有大量昔兰尼高地的肥沃土

---

① F. Chamoux *Cyréne sous la Monarchie de Battiades* 146.
② A. Laronde,*Cyréne et la Libye Hellénistique*,250;参见 A. Lintott,*Violence ,Civil Strife and Revolution*,268。
③ F. Heichelheim,"Zum Vefassungsdiagramma von Kyrene", *Klio*,21(1927)175—182; M. Cary,"A Constitutional Inscription from Cyrene", *JHS*,48(1928)222—238; A. Laronde,*Cyréne et la Libye Hellénistique*,250。

地,除了做别的营生之外,他们在那里驯马,似乎还控制了跨撒哈拉贸易的昔兰尼这一端,并从中牟利。① 在公元前 4 世纪希腊世界的外围地区,民主政体处于退缩的态势。在某些地区,如马西利亚(Massalia,即现在法官南部),其继承制大公会由 600 名终身成员组成(Strabo,IV 1,5),民主政体的概念似乎从未落地生根。

## 本土民主制的复兴

不过,在希腊本土,虽然民主制在公元前 4 世纪初开局不顺,但在该世纪其余时间里则有所斩获。在雅典本邦,民主制不到一年就得以恢复(Arist.,*A. P.*,38ff),寡头制领导们无法无天的放肆行为令寡头制声誉扫地,从而助长了雅典人对民主制的效忠。公元前 4 世纪的雅典政客无人倡导过寡头制,寡头制简直成了滥用暴力的代名词。② 爱琴海地区的十人委员会可能也起到了类似的作用,因为我们发现民主制政府在该地区分布颇为广泛:公元前 394 年的厄立特里亚(Erythrai)、拜占廷(斯泰利亚[Steiria]的色拉叙布洛斯曾出手干预),还有公元前 388 年的开俄斯。③

当柯农(Konon)在罗德斯(Rhodes)一带的时候,罗德斯于公元前 395 年已实行民主政体,④但在政变时,柯农谨慎地离开了该岛,以免让人认为他对与其结盟的政府不守信用(*HellenikaOxyrhynchia*15[10])。我们对罗德斯民主政体的形式所知甚少,但据业里士多德(*Politics*,1302b21;b32;1304b27)所言,这是一个终极

---

① A. Laronde,*Cyréne et la Libye Hellénistique* 131,251f.
② Isokrates,VIII 108,参见 A. H. M. Jones,*Athenian Democracy*,93;Demosthenes,22,52;R. Sealey,"Athens after the Social War",*JHS*,75(1955)81。
③ Tod,GHI 106;Xenophon,*HG*,IVviii 27;Tod GHI 118,关于其最可能的日期,可参见 I. A. F. Bruce,"The Alliance between Athens and Chios in 384",*Phoenix*,19(1965)282。
④ M. H. Hansen,*Sovereignty of the People's Count*,51.

民主制。富人诉讼缠身,鄙视平民无法无天的混乱(或者说他们眼中平民无法无天的混乱),同时,为筹集政治津贴,煽动家们阻止偿还应付的战船建造债务。于是,罗德斯成了少数几个公职津贴有案可查的城邦之一。

　　罗德斯民主制的衰亡证据是矛盾的。亚里士多德(*Politics*,1302b32)说,民主制在"起义之前"被推翻(推测起义触发了同盟者战争),而德摩斯梯尼(15,3)说,同盟者战争之后,毛索勒斯(Maosolos)推翻了民主制,毛索勒斯曾鼓励罗德斯人抵制雅典,以便他本人支配罗德斯人。根据亚里士多德的叙述,当时出现了财政困难,无法偿还战船建造债务,这说明民主制在同盟者战争期间已然崩溃,战争对罗德斯的压力远大过对雅典的压力。① 毛索勒斯支持罗德斯的寡头统治,但是其内部因素也促成了寡头制的建立。很遗憾,我们对公元前4世纪罗德斯的民主制及其衰亡只能所言寥寥。

　　雅典的终极民主制不仅得以恢复,而且还以各种方式得以强化,确保了高度民众参与的同时还能高效运作。公民大会参会津贴制再度推出,开始是1奥卜尔,很快提高到2奥卜尔,然后是3奥卜尔(亚里士多德的《雅典政制》未给出日期,但这是公元前4世纪初期)。到亚里士多德写《雅典政制》(62,2)的时候,津贴水平是普通公民大会每日1德拉克马,主会每日9奥卜尔(主会很可能时日较普通大会更长)。② 政治活动津贴的扩大并不标志雅典政治进一步激进化,事实上,我们也不清楚其主要提议人阿基里俄斯(Agyrrhios)的政治生涯究竟受益多少。据记载,阿基里俄斯在斯泰利亚的色拉叙布洛斯于公元前392年死后成为首席将军,但是他似乎不及其侄子(Kallistratos)在下一代人中名声显赫(Kirch-

---

① S. Hournblower, Mausolus, 127;参见 R．M．Berthold,"Fourth Century Rhodes", *Historia*,29(1980)43。

② M. H. Hansen,*The Athenian Assembly*, 26,47,127。

ner $PA$,179 和 8157)。

当然,津贴使雅典平民能够在更加困难的经济环境里继续参政。有趣的是,雅典选择加强民主制的运作,却让陆军的军饷无着落,海军的军饷捉襟见肘。① 对于公元前 4 世纪的雅典人而言,维护民主制比有效的国防更值得优先考虑。

在公元前 4 世纪,民众陪审法庭的地位以公民大会为代价获得提高。如我们在前一章所见,公元前 5 世纪末的陪审法庭的确有权确定公民大会是否以"违法法令"的方式做出了违法决定。这种权力在公元前 406 年的"十将军审判案"中被否决了,但是司法权威又凭借"特殊审理程序法"(probole)的制度而得以加强。然而,这个程序并未导致违法行为的责任人受到惩处,"特殊审理程序法"在公元前 4 世纪被用来惩罚那些破坏宗教节日的人(Demosthenes,XXI 1,175—182),所以"违法法令诉讼法"得到重视似乎起因于一种观点的改变,而非新的司法程序。

理论上,至少可以认为立法权转移到了陪审法庭。从公元前 403 年开始,雅典人推出了一个新程序,公民大会据此决定现行法律需要修改,还是需要创立新法,一群法律委员从陪审员中抽调出来组成一个委员会去处理这件事。(法律委员会从法律角度,以考虑什么对雅典更好为重,去决定法律提案和现行法律之间的诉讼。提案人为新法律辩护,公民大会就指定一个新法律的代言人。)② 虽然简略的古代史料没有给出这种变化的理由,比如像立新法这样的大事,可能不会在公民大会上得到应有的考虑,仅成为一项议事日

---

① R. Sealey "Callistratus of Aphidna and his Contemporaries" *Historia*,5(1956) 181; A. H. M. Jones,*Athenian Democracy*,299f.
② Aeschines,III 38f. ;K. M. T. Atkinson,"Athenian Legislative Procedure and Revision of Laws",Bulletin of John Rylands Library,23(1939)107—150;M. H. Hansen,*Sovereignty of the People's Count*,11—15;参见 C. Hignett,The Athenian Constitution,299f. 。

程而已(议事日程几乎肯定是排得满满的),这一点似乎比较确定。因此,公民大会决定某种改变看起来是否可取,然后交给法律委员会对提案仔细斟酌(这可能要用一整天时间)。① 确保法律由随机抽选的平民仔细斟酌而制定的方法让雅典平民的决策权更为有效。然而,公民大会继续通过实际上的所谓法律(尽管有新的法规),而对于法律是如何通过的,阿提卡的演说家们莫衷一是,一片混乱。②

公元前362年之前,曾实行一种检举法,即在公民大会和陪审法庭都举行关于行政官员是否履职不当的聆讯。公元前362年之后,聆讯只在陪审法庭进行。③ 这看起来像一种确保重大事情不可仓促决策的举动,与先前设立法律委员会通过法律的情况类似。乍看这些举动可能像削减人民的权力,因为公民大会在雅典不再就好些事情做最终决策。④ 雅典人在公民大会和陪审法庭之间划出了清晰的界限,前者被认为等同于平民,后者只是来自平民,两者自有区分。⑤ 然而,当时的人们无疑会把平民占主导地位的陪审法庭视为特别民主的机构,⑥所以我们不应把民众陪审法庭地位的提高视为偏离激进民主制的现象,而应将其视为激进民主制效率的提高。民主制最大的一个问题就是无法集中所有群众来做所有的重大决策,⑦利用规模不太大的五百人议事会和陪审法庭

---

① M. H. Hansen,*Sovereignty of the People's Count*,51.
② Aeschines,III 38;Andokides,I 82,85,88;参见 K. M. T. Atkinson, *op. cit.*, 130sqq;A. H. M. Jones,*Athenian Democracy*,53;P. J. Rhodes,*The Athenian Boule*,44—52;参见 A. de Laix,*Probouleusis*,185。
③ M. H. Hansen, *Eisangelia*,53
④ 正如 M. H. Hansen 坚称的那样(见 *The Sovereignty of the People's Court*,11—15),他后来认为,试图确定哪个机构在雅典拥有最高权力只会制造难题而已。
⑤ M. H. Hansen,"Demos, Ecclesia and Dicasteria in Classical Athens",*GRBS* 19 (1978)128—135.
⑥ Aristotle,*Politics*,1273b41;1317b25;A. P. 41,2;参见 M. H. Hansen 在 *The Sovereignty of the People's Court*,13。
⑦ A. de Laix,*Probouleusis*,191f.

这些民众机构扮演某种角色,使决策有效率,而又避免将权力交给某些幕后精英。五百人议事会和陪审法庭由抽签产生,就避免了权力落入精英之手的局面。

更有效率的政府朝着更有效率的方向进步,还可以从公元前 4 世纪其他几项发展中看出。如我们所见,在公元前 5 世纪的终极民主制中,除军队将领以外的所有其他行政官员都由抽签产生。而在公元前 4 世纪,我们发现新的非军事行政职位由选举产生,对于原来由抽签产生的职位,新职位有时取代它们或与其并存。这些例子有派往德尔菲圣所的求谕使、酒神节和秘仪理事、神庙营造官、城墙营造官、井泉管理员、征兵员、雇佣军基金及节日基金财务官、海军建造设计师以及海军征兵吏。① 显然,在公元前 4 世纪,任何人都能从事日常行政管理的看法已经没有在公元前 5 世纪那么强烈了,选举制重新受到青睐,以确保选出称职的官员完成有难度的任务。

从同盟者战争(公元前 357—前 355 年)之后设立的新财政官(即总务官)这个职位来看,使用选举来确保最佳合格候选人入选,像尤伯罗斯(Euboulos)和吕库古(Lykourgos)这样的政界要员就入选了。此外,以前对行政官员以年度任期来分散权力,并禁止再度参选,这样的旧观念已被弱化。虽然总务官仍不可连任,但其任期是 4 年。即便有限制个别人士恋位的规定不得不遵守,在实践中也灵活地规避了:吕库古任满一届 4 年后又连任两届,有人愿意挂名任职,让吕库古履行实权。②

至于如何追求议事会执委会秘书的效率这个问题,则采取一

---

① Aischines,III 114(参见[Plutarch],*Ten Orators* 840A);Demosthenes 21,15;Demosthenes 21,171ff.;以及 Aristotle,*A. P.* 57,1;IG II 1,1,244 和[Plutarch],*Ten Orators* 857A;IG,II 1,1,338;Aristotle,*A. P.* 43;42,2;43;46,1;49,28。

② Aristotle,*A. P.*,43,1;[Plutarch] *Lives of the Ten Orators* 841 B,C,852B;F. W. Mitchel,"Lykourgan Athens", in Semple Lectures, vol 2,190sqq;参见 M. H. Hansen,"The theoric fund and the graphê paranomôn against Apollodoros", *GRBS*,17(1967)235—246。

种不同的形式。从前是每个部落月的执委会都得选出秘书,但到了亚里士多德的时代,则由抽签产生全年的秘书。此外,还新设立两个秘书,一个由抽签产生,负责处理法律事务,另一个由选举产生,承担公民大会的秘书工作。① 我们在此看到一种追求效率的举动和另一种愿望相结合,一方面让秘书任期延长以丰富工作经验,另一方面又有防止官员权力出现膨胀的愿望,所以秘书的工作细分为三份,其中两份又由抽签产生任职者。提高政府效率的一个更引人注目的例子是恢复战神山议事会的政治地位,在公元前403年那样的危机中,当民主制受到威胁而又被恢复时,如公元前338年,喀罗尼亚(Khaironeia)战役之后,战神山议事会采取积极主动的姿态,在整个公元前4世纪,公民大会越来越倾向于要求战神山议事会出面替自己做调查工作,其中最著名的案件就是存放于卫城的巨款失窃案,那笔钱是哈帕洛斯(此人替亚历山大大帝管钱,却卷款而逃)偷窃来的。

一般而言,民主派政客并不反对这种趋势,不过比雷埃夫斯的反马其顿政客尤克拉底(Eukrates,亚历山大死后,此人成了安提帕清洗的牺牲者)确实提出了一项法案,禁止战神山议事会在民主制被推翻的情况下召开,而法律委员会在公元前337—前336年通过了这项法案。② 既然执政官是从四个梭伦财产等级中产生的,战神山议事会再也不会比公民大会的普通投票公民更保守,而会像五百人议事会和陪审法庭一样,真实地反映出雅典人民的代表性。虽然尤克拉底可能没忘记老民主派对终身制的厌恶(或者

① Aristotle, *A. P.* 54;参见 A. de Laix, *Probouleusis*,76ff,167ff. 。
② Deinarkhos,1,50 & 62; Aischines,3,252; Lykourgos,1,52; Demosthenes,18,134. 关于尤克拉底的法律,见 B. D. Merritt, "Greek Inscriptions", *Hesperia*,21(1952)355。关于公元前4世纪的战神山议事会,见 R. W. Wallace, *The Areopagos Council to 307 B. C.*, ch. 5; J. L. O'Neil, "The Fourth Century Revival of the Areopagos", *Classicum*,14(1988)3—7。

说他担心亲马其顿的战神山议事会余党是否会给一个非法政权提供合法性外衣），但是多数雅典民主派已不再担心战神山议事会。相反，终身制和巨大的宗教声誉被视为经验和权威的加分，对于完成艰巨的任务是必要的，如弄清哈帕洛斯的下落，还要面对涉嫌丑闻的权势人物。

改善政府效率的措施对于将军的职位影响比较小。德摩斯梯尼曾抱怨（IV 26）说，雅典人选一个将军来打仗，选九个将军来举行阅兵。雅典人越来越依赖少数几个"专业的"将军来打仗，而不是让十将军都扮演平等的角色（至少理论上），充当真正的指挥团队，德摩斯梯尼对这种趋势的评价很不客气，也显得夸张。然而，在公元前4世纪雅典人不太愿意设立全权行政官员。可以举出两个案例：安多基德斯（Andokides）及其同僚使节于公元前392年以全权大使的身份被派往斯巴达（但他们的和平方案因被认为对斯巴达过于有利而遭拒绝），公元前357年，卡雷斯（Chares）以全权将军的身份被派往柯赛尼斯（Chersonese）（Demosthenes,23.173）。然而，雅典人似乎把维护民主制控制置于军事效率之上。全权将军在叙拉古的所为，雅典人是了解的，历史上全权的"四百人"和"三十人"①推翻了民主制，而非如被期望的那样改善了民主制，雅典人是有记性的，这些事都影响了雅典人的看法。

显然，虽然同时代的人评价极少，但公元前4世纪雅典的统治方式出现了相当可观的发展变化。亚里士多德的《雅典政制》并未列出公元前403年恢复民主制后雅典政制的变化，演说家们也未讨论这些变化，只是（出于热情的民主派的哀叹）曾把胜利归功于雅典人民，而现在则归功于军事将领。② 这可能部分出于对想象的黄金

---

① Andokides,III（关于和平）33;Demosthenes 23,173。关于四百人和三十人的权力，见 Thucydides,VIII 67,3;Aristotle,*A. P.* 37,1,参见 38,1。
② [Demosthenes],13,22;Aischines,III 183,参见 178,186,250。保守作家都倾向于强调强权领导的需要，见 Isokrates,VII,12;Deinarkhos,*Against Demosthenes*。

时代的虚幻怀旧,但是把希罗多德和修昔底德的作品拿来比较就会发现,公元前4世纪的著述中,领导人作为个人被赋予了更加突出的地位。这种更加突出个人和提高效率的趋势不应被视为对民主制的偏离,在希腊贵族制和寡头制中,同样也在早期民主制中,在统治群体中进行权力分散是一种正常做法,但这也是为了对付日益艰难的环境,特别是像马其顿那样日益增长的君主制霸权的威胁,在民主制内部出现了演变。这种提高政府效率,把权力下放给个人的趋势在公元前4世纪中期的底比斯民主制中比雅典表现得更强烈。在斯巴达人夺取卡德米亚高地(the Kadmeia)之前,寡头统治已经在底比斯很牢固。(根据普鲁塔克的记载,伊斯梅尼亚[Ismenias]是一个民主派,而利奥提亚德[Leotiades]喜欢寡头制[见 Plutarch, *Pelopidas*5,1],这似乎是对伊斯梅尼亚支持温和寡头制这种传闻的误解。)然而,正如雅典的"三十人专制"败坏了寡头制的声誉一样,利奥提亚德的非法底比斯政权及其赖以维持的斯巴达驻防,也败坏了底比斯的寡头制声誉。一种以雅典为模范的民主政体在底比斯建立起来,而底比斯流亡者在雅典被斯巴达占领期间已经逃跑了。下层阶级从斯巴达支持的其他皮奥夏城邦逃到底比斯,并帮助底比斯赢回对皮奥夏的控制,而一旦底比斯和皮奥夏再度联合,底比斯就成为伯罗奔尼撒半岛民主制的捍卫者。①

## 底比斯

波里比阿(Polybios, VI 43f)把底比斯与雅典联系起来时,认为它们属于那种理想宪制讨论中不值得考虑的城邦,因为那些城邦并没有有效的政府。这等于是说因为雅典是终极民主制,所以

---

① IG, VII 2907, Xenophon, *HG*, V iv 46; J. Buckler, *The Theban Hegemony*, 20, 147, 191.

不考虑其宪制,那么以此推论,底比斯在其顶峰时期也是同样的情况。当然,激进民主制的一些特征和制度在公元前 4 世纪的底比斯是看得到的。卸任的行政官员要接受卸任审查或审计(Xenophon,*Hellenika*,VII iv 36),法令(Plutarch,*Pelopidas*,25,7)都要面临"违法法令诉讼"(对违法提案的动议),还有一个由抽签产生陪审员的陪审法庭(Pausanias,IX 14,7)。在限制行政官员权力这件事情上,底比斯人比雅典人走得更远。皮奥夏长官(boiotarch)任职不得超出该年度以外的第一天,违者处以死刑,据推测,这是为了确保公民大会的职权。然而,在公元前 370—前 369 年的冬天,埃帕梅农达斯(Epameinondas)和佩洛皮达斯(Pelopidas)这两位公元前 370 年的皮奥夏长官本来都属于下一年当选的长官,但仍继续在伯罗奔尼撒征战到新的一年,这项法律被成功推翻,因为埃帕梅农达斯说服陪审法庭不要理会这个案子,而应庆祝他于公元前 371 年在留克特拉(Leuktra)取得的胜利。①

底比斯以外的皮奥夏城邦重返皮奥夏联盟之后,无论在实体意义还是在司法意义上都继续存在。很遗憾,关于小城邦与皮奥夏中央权力关系的性质,已经没有清晰的证据保留下来。证据显示,有某种联邦存在,但不是很确定。② 此时的皮奥夏由底比斯的一个首要公民大会统治。③ 小的皮奥夏城邦显然能够内部自治,

---

① Plutarch,Pelopidas,25,1;Pausanias,IX 14,5;参见 J. Buckler,*The Theban Hegemony*,141 n. 50(on 304)。P. J. Cuff("The Trials of Epameinondas",*Athenaeum*,32,1954)坚称,他们是在返回并履职完毕后才再次当选的,但是部分或全部职位在开年之初虚位以待似乎不太可能。

② J. A. O. Larsen(*Greek Federal States*,177)指向 7 位皮奥夏长官——无疑与昂切斯托斯(Onchestos)联邦同盟的数目一致;J. Buckler,*The Theban Hegemony*,18,考虑到这样一个事实,政府被称为一个"共有实体"[koinon]。两种论点都无决断性。不过,"共有实体"并不一定指"联邦政府",参见 F. W. Walbank,review of Schmitt and Vogt,*Kleine Wörterbuch des Hllenismus*,*Gnomon*,63(1990)130。

③ D. S. XV 25,1;50,4;70,2;79,5;85,3;参见 J. Buckler,*The Theban Hegemony*,45。

但国家事务由底比斯做决定。由于底比斯人已经是皮奥夏最大的族群,最容易在那里召开公民大会,底比斯人便可以控制公民大会的决策。底比斯的确主导了皮奥夏,当其他几个皮奥夏城邦被消灭后(部分或彻底地),其主导地位只可能上升,这种情况并不令人惊讶。

没有证据显示,皮奥夏长官和其他事务方面像以前的"寡头平等制"那样按配额分配。① 当底比斯成为联盟的唯一成员时,皮奥夏长官统治就恢复了,而皮奥夏长官的身份在法令上并不按其家乡城邦来认定(IG VII 2407),这些事实显示,乡土属性在新秩序中已无关紧要,因此,任何城邦不再享有配额。除非有些职位空缺,全部 7 个皮奥夏长官都有可能是底比斯人,这种情况很可能在底比斯解放后立即出现。

皮奥夏长官的人数从 11 人缩减到 7 人,可能是想让行政更加有效,但是保留了奇数以避免决策陷入僵局。在民主制中,旧政制的一个皮奥夏长官的领导权似乎并未被恢复(Thucydides, IV 91)。公元前 371 年,当 6 个皮奥夏长官面临留克特拉的斯巴达人,欲决定是迎战还是退却时,出现了三人对另外三人相持不下的局面,缺席的第七个长官必须应召从基塞隆山(Mount Kithairon)赶来解决僵局,② 仅凭这种微弱的多数,皮奥夏人才决定迎战(并击败)斯巴达陆军。

皮奥夏长官与雅典的对应官职(即军事将领)相比,职权范围更广。我们发现皮奥夏长官任职期间同时也担任对外特使,按期到公民大会推介提案,并逮捕叛国者。③ 底比斯比雅典更渴求强

---

① J. A. O. Larsen(*Greek Federal States*, 178ff.)说,底比斯的配额是 7 选 4,而 J. Buckler(*The Theban Hegemony*, 28)又说是 3。但是,这些底比斯皮奥夏长官的人数分别是底比斯解放和留克特拉胜利时候的人数。

② Pausanios, IX 13, 6f; D. S. XV 53, 3.

③ J. Buckler, *The Theban Hegemony*, 25—28.

硬有效的领导方式(这无疑是因为民主制建立时来自斯巴达的威胁更大)。然而,皮奥夏长官依然被置于公民大会的权威之下,后者可以逆转政策(如关于埃帕梅农达斯和亚该亚寡头的同盟,当时公民大会应阿卡迪亚人的请求,对亚该亚城邦强加了民主制),或者对失败者课以罚金(如公元前368年在塞萨利打败仗的将军,当时佩洛皮达斯被斐莱的亚历山大俘虏,埃帕梅农达斯又未再次当选将军,而是从普通军士中被招去拯救军队)。①

正如客蒙和伯利克里曾在公元前5世纪的雅典通过再选连任掌控了将军职位,公元前370年左右,皮奥夏长官职位也被佩洛皮达斯和埃帕梅农达斯所掌控。普鲁塔克告诉我们,佩洛皮达斯从底比斯解放到其去世为止的每一年,要么做皮奥夏长官,要么做神圣敢死队(底比斯的精锐部队)队长,埃帕梅农达斯频繁地,但不是一直连续地当选皮奥夏长官(*Pelopidas* 15),虽然我们的证据很少,但是次要人物似乎不太可能如此频繁地连续当选。例如,在留克特拉之战那一年的7个皮奥夏长官中(Pausanias, IX 13,7),根据现存的史料证据,仅有埃帕梅农达斯在别处得到了证实。

皮奥夏长官为公民大会准备提案扮演了突出角色,一直有争辩说皮奥夏人废弃了一个议事会。② 这个看法的大部分证据并非来自公元前4世纪的民主制,也不一定有多大意义。然而,有一段文字曾专门提及底比斯议事会。西巨昂(Sikyon)两个相互敌对的派系(双方以前都是底比斯的朋友)的使团被引见议事会。一个使团趁机刺杀了其敌人(即僭主欧弗龙[Euphron],此人推翻了底比斯帮助建立的民主制)。于是,行政官员在议事会上提出控告,而刺杀者为其行为辩护。据色诺芬记载,底比斯人宣布刺客无罪(*Hellenika*, VII iii 5—12)。

---

① Xenophon *Hellenika* VII I 41—3;Plutarch, *Pelopidas* 29,1.
② J. Buckler,*The Theban Hegemony*,25,J. A. O. Larsen,*Greek Federal States* 178.

此时，色诺芬语焉不详，但似乎审判从议事会移交给了公民大会（我们发现皮奥夏长官在另外一个场合里也在公民大会上提出控告［Diodoros,XV,79,5］）。在这种情况下，我们发现皮奥夏长官与议事会合作审议，扮演了主导角色，然后又在公民大会上充当议事会的发言人。所以，我们看到底比斯人创立的皮奥夏长官制，作为一种更加强大的行政权威，让雅典人望尘莫及，但这依然是在终极民主制的框架以内，因为人民有最终决策权。

## 阿卡迪亚

公元前4世纪中期，阿卡迪亚民主制的发展显示出一些与皮奥夏类似的情况。如我们在前文所见，曼提尼亚的首个民主政体在"国王和平"之后遭到斯巴达干预。斯巴达把曼提尼亚打散成原来的各个村庄，因为业主紧守自己的土地（也应该会不离其佃户），煽动家遭驱逐，① 这样确保了贵族政府体制。我们也猜测，分散为村庄会缩减德谟的规模，从而打压其自信心。② 曼提尼亚城邦不复存在，此时曼提尼亚人以村庄小分队的单位加入伯罗奔尼撒同盟军（Xenophon, *Hellenika* VI v,3—5）。

法律上的决策权显然归公民大会，而非行政官员，但事实上，当公民大会决定重建城墙，而行政官员又以新证据为由从中阻挠时，公民大会对于阿格西劳斯（Agesilaos）的和解立场并不知情。

在雅典，似乎很难相信行政官员可以如此行事。当伯利克里在公元前431年不想接待斯巴达使节时，他提出动议，即雅典人在作战时不得接待任何斯巴达使节，于是，公民大会通过了这项动议

---

① Xenophon, *Hellenika*, ii 7；参见 S. and H. Hodkinson, "Mantineia and the Mantinke", *BSA*, 76(1981), 281—285；Aristotle, *Politics*, 1318b9ff.。
② 参见 J. A. O. Larsen, *Greek Federal States*, 182。

(Thucydides, II 12, 2)。更早之前, 当马多尼奥斯(Mardonios)在公元前479年向雅典人提出萨拉米和平条件时,议事会接待其来使,那些和平条件与马其顿的亚历山大所提出的条件相似,而雅典公民大会却拒绝了亚历山大(Herodotos, IX 140—144)。当议事会成员吕基达斯(Lykidas)建议议事会接受条件并提交给人民时,议事会对他处以石刑并命令来使离开(Herodotos, IX 4—5)。这些情况与曼提尼亚的案例并非完全一样,但似乎并非是由雅典的行政官员来做那些决定,而是交由政府的人民机关决定。曼提尼亚的行政官员显然保留了相当的决策影响力,所以并未能建立终极民主制。

曼提尼亚人不仅在自己的城邦恢复民主制,还在整个阿卡迪亚鼓励民主制和联邦制,把亲斯巴达的寡头们赶出提基亚(Tegea),帮助建立新联邦政府。① 新政府的法令以阿卡迪亚人和一万人议事会决策的形式被通过(Tod, GHI 132, lines 2—5)。显然,这一万人是公民大会主会的某种形式,但是这个数字对所有阿卡迪亚人的民主公民大会而言,似乎还是太低了。②

"一万"这个数字本意是想对有资格参加公民大会的人数做精确的描述,那些数字会在两个方面受到限制:透过投票资格的人口调查,或者透过每个城邦的现有配额。(皮奥夏寡头平等制对这两个手段都使用。)诸如"五千人"或"一万人"这些数字被用来描述开放型寡头政体活跃的公民集体,而阿卡迪亚同盟有可能只承认重甲步兵阶层的公民资格。③ 不过,考虑到曼提尼亚和提基亚民主派在建立同盟中扮演的角色,这就显得似非而是了。同盟也对阿

---

① Xenophon *Hellenika* VI v 6—10; Diodoros, XV 9, 1。
② K. J. Beloch(*Die Beölkerung der Griechisch—Römischen Welt* 129)估计阿卡迪亚的成年男性公民为5万人。
③ G. Busolt and H. Swoboda, *Griechische Staaskunde*, 1406; Diodoros(XV 59, 1)称万人大会为"辛诺多斯"(*synodos*),表示一种有限规模的公民大会。

卡迪亚以外的民主政体采取积极鼓励的政策,因为阿卡迪亚人的民主制热情超越了其货真价实的民主制盟邦,即皮奥夏人。① 这在亚该亚(那里强制推行民主制,致使亚该亚寡头们在推翻新民主政体后让城邦回归斯巴达联盟)特别引人注目,并强烈暗示阿卡迪亚人本身就是民主派。

配额制产生的公民大会刚好有一万人,这似乎不太可能(皮奥夏议事会的人数是 660 人[*Hell*,*Oxy*. XVI(XI)3—4])。这些证据暗示,那一万人以个人而非城邦集体的身份投票,而且任何现身大都城(Megapolis)的阿卡迪亚人都可以在公民大会上投票。例如,公元前 363 年一度出现财政危机,富有的阿卡迪亚人害怕常备军以危害富人的方式控制公民大会。于是,富人自己加入常备军,以便控制公民大会。②

真正的情况似乎并非指那"一万人"仅构成阿卡迪亚成年男性公民群体的一部分。这种说法肯定是用来表示公民大会是一种颇具规模的人民团体,③估计是与各附属城邦里小规模的德谟公民大会相对照而言。

阿卡迪亚同盟允许首席行政长官有更大的集权,甚至比我们在底比斯发现的集权更大。军事领导由一个单一的将军执行,还可能允许连任。④ 来自斯巴达的威胁和同盟想消除斯巴达对伯罗奔尼撒霸权野心的想法(还有皮奥夏从反斯巴达联合阵营得到的领导权)再度导致强大行政体制的建立。在国内事务方面,有一个

---

① 此类干预行为见 Xenophon, *Hellenika* VII I 43f. and iii,1;以及 J. A. O. Larsen, *Greek Federal States*,186,190,194f;J. Roy,"Arcadia and Boiotia in Peloponnesian Affairs: 370—362 B. C.",*Historia* 20(1971),571f,581ff. 。
② Xenophon, *HG* VII iv 34;J. A. O. Larsen,*Greek Federal States*,187.
③ H. Schaeffer,"*Polis Myriandros*", *Historia* 10(1961)311ff.
④ Diodoros,XV 62,2 和 67,2;Xenophon,*Hellenika* VII iii 1;参见 J. A. O. Larsen, *Greek Federal States*,188n,吕科米蒂斯(Lykomedes)的将军任期在狄奥多罗斯说的两个连续年份有可能不过是阿卡迪亚年份的一年而已。

50名办事员(damiourgoi,实际上相当于公务员)的行政团队与将军一起负责。这50人按配额选出,每组配额为5人。大城邦有两组配额,其余7个城邦各有一组配额,第十组配额再细分给米那洛斯(Mainalos)3人,列普雷昂(Lepreion)2人。① 此间的阿卡迪亚同盟更像旧的皮奥夏"寡头平等制",而非一个公元前4世纪的皮奥夏民主制下的当代城邦与其盟邦之间的关系。我们可能在比较公元前5世纪民主政体时倾向于拿克里斯提尼时代的雅典做样板,而不会参考同一时代的厄菲阿尔特的激进民主政体。

考虑到阿卡迪亚的地理规模和困难的地形,万人大会不可能过于频繁地召开,虽然我们仅听说行政官员卸任时接受账目审查(Xenophon, *Hellenika*, VII iv 36),但也没有理由认为阿卡迪亚同盟采纳了许多终极民主制的形式。可惜的是,我们所掌握的那点同盟运作的可怜信息仅仅是关于其危机的信息,而危机导致其解体,这就不太具有典型性。阿卡迪亚招募了一支常备雇佣军,以便雇佣兵替他们的国家作战,而非为其他国家而战。公元前363年,阿卡迪亚财政枯竭,无力支付军饷,行政官员向奥林匹亚圣物库"借钱",当时他们将其视为阿卡迪亚的国家圣所。公民大会驳回了这个政策并停止支付军饷。曼提尼亚人和其他地区的人提议收税来给士兵发饷,争论非常激烈,同盟宣告分裂(Xenophon, *Hellenika*, VII iv 33sqq)。似乎在同盟内部,在曼提尼亚,行政官员在决策中起了相当的作用,但最终决定权还是属于公民大会。

尽管阿卡迪亚同盟于公元前363年解体,但我们发现它后来仍然存在,其成员还在曼提尼亚冲突的双方阵营中作战。② 埃斯契尼(Aischines)在公元前346年万人公民大会上批驳了马其顿

---

① Tod, GHI, 132. 关于办事员,参见 G. Busolt and H. Swoboda, *Griechische Staaskunde*, 1408 n. 1; *Griechische Griechischte*, 2 ed, III 2, 173 和 176。
② K. J. Beloch, *Griechische Griechischte*, III 2 173ff.

的腓力王(Aischines, II 79; Demosthenes, XIX 11),德摩斯梯尼在亚历山大死后与安提帕在阿提卡公民大会的代理人做斗争(Plutarch, *Demosthenes* 28,3)。除了这点仅有的细节外,我们对复兴的阿卡迪亚同盟一无所知。

## 其他城邦

斐利阿斯(Phleious)有相当丰富的文献记录了其内部历史如何保留民主制城邦及其别开生面的发展模式。虽然菲利阿斯是斯巴达的盟友,但该城邦与曼提尼亚一样,在公元前4世纪初是一个民主政体。斐利阿斯人不太情愿接受斯巴达驻防保护他们免受阿尔戈斯的威胁,他们担心斯巴达会敦促流亡寡头回归(Xenophon, *Hellenika*, IV iv 18)。这次斯巴达人没有这么干,但是后来在"国王和平"之后,还是这么干了。不过,还乡的流亡者声称他们在民主制的法庭上未受到公正对待,斯巴达国王阿格西劳斯以伯罗奔尼撒陆军围攻斐利阿斯。斐利阿斯人在围城军队虎视眈眈之下召开五千人公民大会,可能是想让斯巴达的同盟们确信他们的决心,但这对这些伯罗奔尼撒人起不到劝阻作用。斐利阿斯人被迫投降,以德尔斐安(Dephion)为首的主战派连夜逃亡,阿格西劳斯下令成立一个百人委员会(一半来自流亡者,一半来自城里的人)以决定投降者的生死,并创立新法律来组织城邦政治生活。斯巴达的干预,而非内部政治力量,再度摧毁了一个民主政体。①

继留克特拉之后,斐利阿斯人一直忠于斯巴达及拉哥尼亚化

---

① Xenophon, *Hellenika* V ii & iii; R. Legon, "Philiasian Politics and Policy in the Early Fourth Century B. C.", *Historia*, 16(1967), 329—337; A. Lintott(*Violence, Civil Strife and Revolution in the Classical City*, 225)认为,政制没有发生变化,但他无视色诺芬的说法(*Hellenika* V III25)。

的人。① 这可能有一部分原因是阿尔戈斯支持流亡民主派还乡的努力,也有部分原因是德尔斐安党人曾用非常严厉的手段强迫人民守城抵抗,有关记忆令人难以释怀。② 严厉的手段可能会产生短期效果,但也会带来长远的代价,无论对公元前418年阿尔戈斯的寡头、雅典的三十僭主,还是公元前362—前361年斐利阿斯的民主派而言,都莫不如此。斐利阿斯加入雅典及其他伯罗奔尼撒城邦的同盟时,又成为了一个民主政体(Tod *GHI* 144,30)。民主统治的传统似乎一经建立,即便经历强力压制,也容易自身恢复重建。

狄奥多罗斯(XV,40)告诉我们,重启的"国王和平"于公元前375年恢复自治之后,斯巴达支持的寡头政体就被缺乏经验的民主政体推翻和取代,这些民主政体对"好人"实施流放并没收财产。费加利亚(Phigaleia)和墨伽拉(Megara)就是两个例子,而狄奥多罗斯也提到了西巨昂内战以及流亡民主派回归科林斯和斐利阿斯未遂的尝试。色诺芬对于西巨昂给出的信息更多:一个叫欧弗龙(Euphron)的人建立了民主制,然后他又自立为僭主。经历反复的阿卡迪亚干预并在底比斯刺杀了欧弗龙之后,民主派重新夺回了对城邦的控制。③

公元前4世纪的民主政体在许多城邦都以碑文的证据有所揭示,其中有些在公元前5世纪曾经坚定地拥护寡头制,如米蒂利尼(Mytilene)(Tod *GHI* 131,14),甚至很小的城邦,如忒涅多斯(Tenedos)(Tod *GHI* 175)。民主制的理念强烈地自我扩张,至少在希腊本土如此,而寡头制却节节败退。

关于激进民主制思想的传播,我们的证据比较少。狄奥多罗斯(XV,570)记录了阿尔戈斯内战的爆发。一些煽动家敦促民主

---

① 译注:拉哥尼亚指伯罗奔尼撒东南部,即斯巴达人控制的地区。
② Xenophon, *Hellenika* VII ii 4—10;参见 R. Legon, op. cit. 36f;关于德尔斐安的严酷手段,参见 Xenophon *Hellenika* VII iii 22。
③ Xenophon, *HG*, VII I 44—46; iii 1—12; iv 1.

政府惩罚那些拥有财富和声誉的人士,声称其阴谋推翻平民统治。许多人遭逮捕和处决,其财产被充公。在这次攻击潮中,有超过1200名权贵被乱棍打死,这就是所谓的大清洗。煽动家们对自己发动的清洗越来越感到后怕,他们放弃了这场运动,结果又被平民反过来清算,也丢了性命。根据狄奥多罗斯所言,后来,阿尔戈斯人都回归到了从前的友善状态。

激进民主制政客们以人民的名义暴力攻击富人,但这并非是平民高度参与的终极民主制存在的确凿证据。从狄奥多罗斯的叙述中,我们可能会倾向于认为当时出现了很高的平民参政水平,我们也很想知道没收富人财产是否是为了获取政治津贴——这被亚里士多德认为是终极民主政体的典型恶习(*Politics*,1320a4)。阿尔戈斯出现终极民主制的可能性似乎很大,在墨伽拉对富人采取的激进措施提供了可能的证据。但是,终极民主制不同于欠成熟的形式,似乎一直局限于区区几个大城邦。雅典、墨伽拉、罗德斯、叙拉古和底比斯都是不容怀疑的例证,阿尔戈斯和墨伽拉则有这方面的可能。以上这些城邦中,除了墨伽拉以外,都有很大的规模,即使是墨伽拉,也有相当的规模。

有些城邦的寡头统治一直根深蒂固。斯巴达的情况就很明显,埃吉纳(Aigina)的情况上文也有讨论过。萨摩斯在莱桑德让寡头复辟并驱逐民主派后重回寡头统治,维持寡头统治到公元前364年为止,那一年,提摩忒俄斯(Timotheos)驱逐了萨摩斯的寡头并引入了雅典殖民者。① 科林斯与阿尔戈斯联合时成为民主政体(阿尔戈斯此时当然是民主政体),但古代证据对此显示并不清晰。② 公元前4世纪的科林斯民主派势单力薄,只有凭借外国军

---

① Xenophon, *HG*, II iii 6f;参见 ML 94, Tod GHI 91。
② 有可能情况是这样的,即便在阿尔戈斯没有相应的规定,但在科林斯一直都保留着对活跃的公民资格有人口等级调查的要求。

队的协助才能获取权力。民主派和寡头的对立与寡头之间的城乡利益分歧相比,并没有那么重要。①

科林斯的僭主制垮台后,其政制很少为人所知。修昔底德记录了貌似科林斯首要公民大会的情况,但好像连整个重甲步兵阶层都被排除在外(V 50,5)。公元前366—前365年左右,科林斯人由于害怕平民不忠,宁愿请雇佣军也不愿冒险去武装本邦的重甲步兵,结果反而遭殃,因为遴选出来带兵的军官提摩芬(Timophanes)背信弃义,建立了短命的僭主制,而此人又在其兄弟提摩勒昂有份参与的谋反中被刺杀。② 显然,统治群体延伸范围的广度甚至不及斯巴达或公元前5世纪的皮奥夏(那里所有的重甲步兵都可以得到投票),这对民主制的建立是一剂有效的毒药。科林斯在公元前4世纪的其余时间里一直维持寡头制。当马其顿的腓力王与科林斯民主派领袖德马拉图斯(Demaratos)交好时,他也没有继卡罗尼亚(Chaironeia)之后,让民主政体掌权。德马拉图斯陪伴亚历山大征战亚洲。他并未在自己的家乡科林斯进行统治。③

## 第二次寡头制复辟

接近公元前4世纪中期时,出现了寡头制进一步复辟的案例。

---

① Xenophon *Hellenika*,IV iv 1—6; v1,8 and 34;参见 G. T. Griffith,"The Union of Corinth and Argos", *Historia*,1(1950)236—256; C. Tuplin,"The date of the union of Argos and Corinth", *CQ.* 32(1982),75—83; J. B. Salmon(*Wealthy Corinth*,359)指出,科林斯和阿尔戈斯没必要维持一样的公民大会准入标准。关于科林斯政治团体,参见 D. Kagan,"Corinthian Politics and the Revolution of 392 B. C.", *Historia* 11 [1962],447—457。

② Aristotle, *Politics*, 1306a23;参见 M. Sordi, Timoleonte, 4f. Lenschau,"Korinthos", *RE supplementband*. iv,1028。

③ Plutarch, *Alexander*, 9, 30;参见 J. B. Salmon, *Wealthy Corinth*, 386。

例如,腓力就在厄利斯支持寡头。不过,腓力对于愿意以他为友的任何人群都会支持,不管是厄利斯的寡头、科林斯的民主派,还是优卑亚的僭主。在爱琴海的东岸,卡利亚(Caria)总督摩索洛斯(Mausolos)支持离岛的寡头政体,如罗德斯(如我们在前文所见),很可能还有开俄斯及一些大陆城邦,比如埃律特莱伊(Erythrai)(Aristotle, *Politics*, 1291b24)。摩索洛斯以这种方式可以在不公然违反"国王和平"的情况下控制离岛城邦,以及总督辖地之外的城邦,同时也不伤害其他总督的权利。不过,摩索洛斯支持寡头制是基于实用主义的理由,而非意识形态的理由。他在其家乡根据地哈利卡纳苏斯(Halikarnassos)倒很乐于容忍民主制,其实他只要认定有必要,是可以直接干预的。① 与世纪初斯巴达出于对民主理念本身的仇视而对民主制进行攻击有所不同,世纪中期腓力和摩索洛斯纯粹讲实用。在有的地方,寡头能够凭借外力打破平衡,压制民主,那么就值得提供这种帮助以赢得盟友,留下一个人情债。然而,无论是马其顿国王,还是卡利亚总督,都没有意识形态的理由去支持寡头制、反对民主制。

在公元前4世纪里,直到亚历山大去世那段时期,尽管世纪之初希腊最强盛的国家斯巴达打击民主制,但在希腊世界里,民主制还是颇有斩获。普通公民能够并应该参与城邦管理的思想已然普及,甚至为许多精英所接受,只要精英有机会以服务国家来展露才华,他们还是愿意接受民主制的。

寡头制也仍是一股强大的力量,甚至在希腊本土以外依靠逆来顺受的下层阶级,而在大型城邦取得进展,但是在希腊本土的许多城邦里,寡头制则失去地盘,越来越依靠诸如斯巴达或摩索洛斯这种外部力量来维持权力。然而,每个希腊城邦都有自己特殊的历史,有些城邦,如埃吉纳或科林斯,就没有产生出向民主制前进

---

① S. Hornblower, *Mausolus*, 136.

的强劲动力。

民主制有各种不同的形式,其变化范围从叙拉古的狄奥恩政权,或者同盟战争中的弗吉斯(Phokis)(Diodoros XVI,24),到终极民主制都有,其中弗吉斯以民主的门面不太完美地掩饰独裁,而终极民主制以其广泛的参与度保证让平民控制城邦的决策。不过,这些都仅局限于几个大型城邦,而公元前4世纪的多数民主政体的人民似乎在所有重要事务上拥有最终发言权,但并不操持城邦的日常管理。

# 第七篇 公元前508—前507年的雅典革命:暴力、权威和民主制的起源

约西亚·奥伯

本文的首稿是为1990年10月在卫斯理学院举行的古希腊文化诗学研讨会所撰写;1991年夏天,我在新南威尔士阿米代尔的新英格兰大学做访问学者时又对其进行了大量修改。在修改过程中,我得到了研讨会组织者卡罗尔·多尔蒂(Carol Dougherty)和莱斯利·柯尔克(Leslie Kurke)及许多新英格兰大学同事,特别是迈纳·马克尔(Minor M. Markle)和斯坦顿(G. R. Stanton)的热情帮助,其中最后一位对本文的基本研究方法并不赞同,但他知识渊博而深刻的评论使本文受益匪浅。

从方法论出发,本章试图把第二章开出的前提推向运用实践,由此推进一个更宏大的计划,并对第三章勾勒出的主要思想加以辩护。我仔细而系统地研读具体事件仅有的资料,抛开一种先入之见,这种先入之见认为希腊作者因不懂社会学的"铁的法则"而被误导,我通过以上方法力图脱离两个日益僵化的"伟人"模式,这种模式自1960年代以来就被希腊历史学家用来解释阿尔克米翁尼德家族的克里斯提尼(Cleisthenes the Alcmaeonid),此公经常被美誉"创建"了公元前510—前506年的雅典民主政体。就编史政治而言,本文的思路有两个方向:否认"伟人"为推动雅典历史的发动机,但是也极力主张把某些具有真正重要性的历史事件当作

转折点，当作在意识形态和制度方面都能带来根本性变化的断裂时刻。长期建立的社会结构本应谨慎对待的事件的相对重要性和人类社会突变的可能性一直都是20世纪历史学家争论不休的话题。虽然有些历史学家越来越把兴趣放在事件与叙事方面，但在希腊民主制研究的领域里，长时段研究手法被大力辩护，其中著名的有伊安·莫里斯(Ian Morris)。

此处还有其他的关键问题：公元前510—前506年的各种事件，相对于其前后的事件，相对于同时代彼此之间而言，它们究竟对于民主制历史有多重要？我们所讨论的事件的各种近似原因和各种最终结果都是些什么？这些发展结果都应该归功或怪罪谁（个体或集体）？我会通过摆事实、讲道理来说明史料已对两个运用极为普遍的解释模式构成了严重的疑问，从而提出一种似乎更符合证据的替代方案。我认为民主历史的标志性事件是公元前508—前507年雅典的反斯巴达起义，该事件对雅典随后出现的民主改革具有决定意义，而首要的历史推动者是具有自发性并抛开贵族领导的雅典平民。这种解读虽然承认克里斯提尼是群众行动的解释者和能够给新意识形态设立框架并起稳定作用的制度设计师，但是对于他在进步运动和新政府作为"领袖"的习惯性中心地位已经有所降低。

我对雅典革命的解释不仅需要（如第三章所述）揭示和评估其他学者的理论基础，而且还需要吸收古代雅典史以外的思想概念。在这种情况下，首要的外部"补充材料"就是法国革命的例子。我并未试图力证雅典革命和法国革命提供了全套历史平行路线，而是透过大革命时代的法国绕了一个圈，以证明既有聚焦性又有功效的革命活动可以由公民大众去开展，而并不存在体制性质的领导人或传统结构的领导层。我的目的不是要说明公元前6世纪的雅典从根本上类似于18世纪的法国，而是要说明这样一个论点——"无领导的起义不可能发生过，因为这种事不会发生"——

### 第七篇 公元前508—前507年的雅典革命：暴力、权威和民主制的起源

是一个被误导而得出的判断。

我对法国和雅典革命的解读是部分基于奥斯汀(J. L. Austin)研究提出的言语行为理论；而言语行为理论在后面几篇文章中一直都是关键的方法论工具。我坚持认为言语行为的解读一定要与其他的行动相结合，在这一点上，我与其他近期受奥斯丁影响的成果分道扬镳：革命言语行为的证据一定要在起义行动中寻找。关于革命行动及其对随后的民主政权激进影响的分析直接产生于第三章所勾勒的前提。比较范围可以扩大；例如，拿美国革命（特别是根据G. Wood[1992]的观点），或者俄国1917年和1989—1991年的革命来观察也是挺有趣的。

本文首次发表于Carol Dougherty和Leslie Kurke所编辑的《古希腊文化诗学：崇拜、表演、政治》(*Cultural Poetics in Archaic Greece: Cult, Performance, Politics*, Cambridge: Cambridge University Press, 1993)，第215—232页，剑桥大学出版社重印许可。

我关于雅典革命的论文自从我首次口头发言陈诉，就引发了争议。有一位著名的古典学学者雄辩地劝诫卫斯理学院的听众切勿相信其中任何一句话，其理由（让其来源依据见鬼去吧！）是克里斯提尼在整个革命过程中根本就一直在雅典坐镇指挥。我对此依然保留了奇怪而亲切的记忆。我把平民置于中心，对克里斯提尼作为关键性历史参与者做去中心化处理，关于我的这个论点，大卫·埃姆斯·寇提斯(David Ames Curtis)在列维克(Leveque)和维达尔-纳克特(Vidal-Naquet)论克里斯提尼的经典著作(1996, xiii—xxv)新英译本译者序中，进行过详细的批评讨论。与此同时，维达尔-纳克特在该书(xxiv—xxv)新的引言里承认："我们的主要错误（在1964年的法文原版里）在我看来似乎是屈服于把一切归在克里斯提尼名下的诱惑。"库尔特·拉夫劳卜(1995, 1996a, b, c)在几篇新的文章里试图证明我关于公元前510—前106年事件的重要意义的论点是错误的，而雅典民主的真正起源（如果实在

喜欢要一个单一的日期的话)是公元前462年,后来著书立说的作者们把当时的政制改革与厄菲阿尔特的名字联系在一起。我在《革命的问题》(Ober[1996])里答复了拉夫劳卜。在那篇文章里(随Raafkaub[1996b,c]一起出版),我重申并试图强化和扩展以下表述的某些主要论点。

历史时期的划分当然是一种后知后觉的产物,多数历史学家都意识到任何历史时期都可以被准确地描述为"过渡时代"。确定古风时期的结束及向古典时期的过渡因而成了一个编史难题,与其说反映古代现实状况,倒不如说反映当代学术倾向。然而,由于历史学家不划分历史时期就无法工作,也由于英语历史学家似乎正进入一种后编年史阶段,其特征是重新对事件的意义——特别是象征和文化意义——产生兴趣,①对可能被当作希腊史新阶段开始的一系列事件进行考察,就是值得做的事情。我们选取用来标志过渡的事件会因具体的地区或城邦而有所不同,但对于对雅典政治史感兴趣的人而言,古代的终结和新事物的发端可以有理由被认为出现于大约公元前510—前506年这段时期,此间的革命性事件建立了后来很快被称为"民主制"(demokratia)的政府形式。②

如果"雅典革命"是历史性的重要事件(或者系列事件),那么在我看来,这也常常被描述为误导性的说法。历史学家们很典型地以"政制发展"那套冷酷的术语去讨论革命,而且他们的叙事倾向于严格地围绕克里斯提尼个人及其意愿这个中心。把克里斯提尼置于整个革命的中心必然忽视史料传统的一个重要部分。而这个传统本身一点都不丰满,包括的内容几乎是全部简略的希罗多

---

① 参见 the introduction to Hunt 1989。
② 这是传统的突破点:Burn(1960,324),例如,以驱逐希庇亚斯来结束对古代雅典历史的叙述。Hansen(1986)主张"民主"的提法是克里斯提尼一开始就使用的。相关的古代史料 Stanton(1990,130—167)做了令人方便的搜集、翻译和注释。

## 第七篇 公元前 508—前 507 年的雅典革命：暴力、权威和民主制的起源

德讨论(5.66,69—78)和《雅典政制》(20—21)。此间提供的公元前508—前507年事件的重构，在手法上相当保守，同时在暗示意义上又相当激进。我希望一丝不苟地依靠基本史料去证明，我可以推导出一种看起来合理而且内在连贯的叙事，这种叙事以雅典人民而非其领导人为中心。对史料的细读表明，在现代人的说法里，把革命关头精英领袖看得很重其实是对历史证据的增补。所有的历史学家都以自己的臆断、模型和理论去增补他们的叙事；旨在填充明显空白和沉默的史料增补，对于即便是自我意识最强的历史写作叙事形式的过程（而非分析性的），都是一种不可避免的部分。但是，这些增补内容（尤其是广为接受的内容）一定要不时地接受挑战，以免变得根深蒂固，妨碍另类解读的产生，另类解读一样可以接受史料传统，或者可以做得更好。

我们的两种主要史料都表明，在革命关键时期，克里斯提尼及其最亲密的支持者都在流亡之中。史料暗示起义的雅典主角是群体性实体：议事会和平民。我认为，把革命各阶段的权威性领导都归于克里斯提尼的做法，是因为对某种历史观不加鉴别的（而且的确是无意识的）接受，这种历史观认为人类事务的一切进展都是通过精英个体们有意识有意志的行动实现的。[①] 就其他历史人物而言，如梭伦，这种精英中心伟人论的拥护者至少可以在基本史料中

---

[①] 关于克里斯提尼角色的中心作用，具有代表性的声明，见 Zimmern 1961,143—144:"阿尔克米翁尼德家族的克里斯提尼作为平民党人的领袖，……力图获取权力。(斯巴达人干预并占领卫城之后)，克里斯提尼和议事会成员们号召人民拿起武器，给卫城石坡设置路障……(斯巴达人投降之时)，克里斯提尼成为局面的主宰。"Murray 1980,254:"克里斯提尼……把人民拉进了他的党派……提议重大改革，驱逐伊萨哥拉斯，在后来几年里，阻止了斯巴达及其同盟干预的企图。"Forest 1966,194:"最终，在平民的支持下，他得以赶走伊萨哥拉斯，以及和他在一起的斯巴达军队。"其他教材都指出克里斯提尼当时正在流亡，如 Sealey 1976,147;Bury and Meiggs 1975,36;特别是 M. Ostwald, *The Cambridge Ancient History*,2d ed. (1988),4,305—307。关于革命的现代叙述，在本质上与本文观点最接近的可能是 Meier 1990,64—66。

获得支持。不过,虽然克里斯提尼被视为重要政治改革背后的推动力量,但在我们的史料中,他并没有被描述为梭伦式的立法者。《雅典政制》(20.4)把梭伦称为"站在人民前面的领袖"(toudemou prostates),虽然这个标签在公元前6世纪末已经不合时宜,但在我看来却是对克里斯提尼历史角色的合理描述:与后来的雅典政客一样,克里斯提尼的道德领导作用并不依赖于其宪制性权威,而是依赖于其说服雅典人民采纳和遵守其倡议的能力。总之,我愿试图证明,虽然克里斯提尼确实是雅典革命剧本的一个非常重要的演员,但主角还是平民。因此,民主并非仁慈的精英送给被动平民的礼物,而是平民本身集体决策、集体行动和自我定义的产物。

我倡导了对历史事件的这种研究,同时拒绝把精英领袖的个人意愿当作历史事件的必然推动力,我将朝前再走远一些,我的意思是说革命的关头,雅典政治史古风阶段的终结,以及雅典民主的诞生时点,都属于一次暴力的、群龙无首的事件:公元前508—前507年为期3天的暴乱,结果导致克利奥密尼斯一世(Cleomenes I)国王及其斯巴达军队被驱逐出阿提卡。

为了解释公元前508—前507年的事件,我们需要回顾始于公元前510年的这段革命时期——那令人陶醉的岁月,其特征是发生在阿提卡土地上一连串引人注目的驱逐与回归。开局是庇西特拉图之子希庇亚斯被罢黜。公元前510年,斯巴达人受到来自德尔菲阿波罗神庙多次神谕的敦促,决定把雅典从庇西特拉图家族僭主统治下解放出来。对阿提卡的第一轮海上入侵遭僭主武力击退。随后,克利奥密尼斯一世招募了第二支陆军,穿越科林斯地峡,向雅典领土进军。这一次希庇亚斯的军队未能抵挡住入侵。斯巴达人控制了阿提卡,僭主及其家人被迫退守雅典卫城。卫城是难以对付的堡垒,守卫者有充足的食物及饮水供应,斯巴达围攻者最初一筹莫展。说实在的,过了几天,斯巴达人差不多就要偃旗息鼓了(希罗多德,5.64—65)。但是,这时,希庇亚斯犯了一个错误,他试图把他的儿子们偷偷带出围攻者的保卫圈,以便逃出雅典,但他们反而被斯巴达人抓获成了人质。最终,希庇亚斯认输投降,被允许带领家人离开雅典。随之,雅典僭政宣告终结。①

然而,这种解放造成的问题比回答的问题还要多。现在谁来统治雅典?人们也许会认为政治权威的战利品最终属于胜利者。但是,正如修昔底德(6.53.2;参见 Aristophanes, Lysistrata 1150—1156)指出的一样,在这场除暴行动中,没有几个雅典人扮演过重要的角色。作为胜者的斯巴达人就他们的角度而言,对进步的政治革新根本不感兴趣。他们肯定想让雅典做一个附庸国,其地位与伯罗奔尼撒同盟的盟邦类似。这就可能意味着雅典将会被一种狭隘的寡头制统治,这种统治形式(Thuc. 1.19)的标准由斯巴达对所有同盟国制定。② 斯巴达并未在雅典永久驻军(这不是他们的风格),但是撤军后对雅典政治依然非常感兴趣。作为这次"解放"的余波,公元前6世纪后期,斯巴达的重要人物克利奥密尼斯国王鼓励伊萨哥拉斯(Isagoras)及其他雅典贵族建立一个不让多数雅典人积极参政的政府。

在公元前510—前507年期间,雅典政治战场之争并非在自称或自视为寡头和民主派的人之间展开,而是在彼此对垒的贵族之间展开。我们无法准确描述伊萨哥拉斯所展望的政府是什么样子,但根据随后事态的发展来看,似乎可以有把握认为他有意将城邦事务的有效控制权交给人数不多的亲斯巴达精英。伊萨哥拉斯的主要对手是阿尔克米翁尼德家族的克里斯提尼。尽管克里斯提尼本人曾心甘情愿出任僭主制下的执政官这种高级职务,阿尔克

---

① 关于僭主制及其终结,所引史料参见 D. M. Lewis, *The Cambridge /Ancient History*, 2nd ed. (1988), 4:287—302.

② 这个政府不该叫寡头制,因为当时这个词尚未出现;关于该词的历史,见 Raaflaub 1983.

米翁尼德家族的有些成员很可能一直在抗拒僭主。① 到公元前508—前507年时，克里斯提尼显然是阿尔克米翁尼德家族的头面人物，他可能已经感觉到家族的反僭主活动为他在取代僭主制后的政治秩序中赢得了显赫的地位。但是，这个地位不费功夫就得来了。事实上，伊萨哥拉斯凭借其与斯巴达的关系，正在取得影响力，并于公元前508—前507年当选为执政官。② 于是，正如希罗多德(5.66.2)告诉我们的一样，克里斯提尼倒霉透了。克里斯提尼做了一件引人注目的事来回应："ton demon prosetairizetai"。我暂且不忙翻译这个短语，原因稍后就会明了。无论如何，因为克里斯提尼已经以某种方式与平民结盟，在雅典政治影响力竞争方面，他现在开始使其对手们黯然失色(希罗多德,5.69.2)。

再次值得暂停叙事，追问伊萨哥拉斯和克里斯提尼之间斗争的社会与制度语境究竟是什么样。希罗多德和《雅典政制》的作者分别使用了公元前5世纪中期和公元前4世纪末期的政治词汇。但是，我们断不可将伯利克里或德摩斯梯尼的雅典政治模式运用到公元前6世纪后期。如果后期政治斗争有什么我们熟悉的武器的话，伊萨哥拉斯和克里斯提尼已经没有多少可资利用——意

---

① 阿尔克米翁尼德家族对僭主制的妥协与抵抗，参见 Lewis, The Cambridge Ancient History, 2d ed. (1988), 4, 288, 299—301；但是，对此表示怀疑的观点参见 Thomas (1989, 263—64)，他坚称，阿尔克米翁尼德家族的反僭主制传统可能早已形成，而其在庇西特拉图家族统治时期的流放只能说纯属虚构。
② 执政官伊萨哥拉斯：《雅典政制》(21.1)，McCargar(1974)试图不再把克里斯提尼的反对者伊萨哥拉斯视为公元前508—前507年的执政官，其理由是该时期的某些执政官显然比较年轻(或许没超出30岁多少)，而伊萨哥拉斯可能比较年长，这种论点在我看来甚是奇怪，特别是连他这个名字也非常罕见。《雅典政制》(21.5)声称，僭主制实施后，直到公元前487—前486年，所有执政官都是选举产生。僭主们曾操纵选举以确保自己的支持者当选(Rhodes 1981, 272—273)；公元前509—前508年的选举具体情况(因此伊萨哥拉斯的支持力量如何构成)并不清楚。无论怎样，我们没有必要认为伊萨哥拉斯的当选表示其群众基础很广；对他的支持更集中地来自(非阿尔克米翁尼德家族的)贵族。关于古代执政官的权力，见《雅典政制》(3.3, 13.2)，附 Rodes(1981)评论。

## 第七篇　公元前 508—前 507 年的雅典革命：暴力、权威和民主制的起源

形态驱动的"伙友会"（贵族俱乐部），陶片放逐、违法法令诉讼（针对提出违法法令议案的诉讼程序）和其他人民法庭的公诉行动，精于修辞的唇枪舌战式演说。我们能够想象还有些什么手段呢？

　　晚期古风时代的雅典肯定比公元前 5 和前 4 世纪更受制于豪门望族。另一方面，如果认为出身豪门的人与普通公民的关系可以被视为完全成熟的保护人与被保护人关系，那就是一个严重的错误——对于晚期古风时代的雅典，罗马共和政治的模式与民主政治一样不合时宜。梭伦改革削弱了出身论的传统权威。僭主自己的政策已经对瓦解雅典上下阶级之间的传统依附与服从关系起了很大的促进作用。此外，梭伦所创造的公民正式地位——其结果禁止了债奴并实施法律改革，使雅典人可能对彼此的福利负起责任——已经开启平民以直截了当的政治方式变得具有自我意识的过程。僭主通过赞助宗教节日和营造项目，已经鼓励了广大平民的政治自我意识。结果，到公元前 510—前 508 年，普通雅典男性已经经历了很大的变化，在政治方面，不再是某个豪门望族的被动附庸。他把自己看作一个公民，而非臣民，至少其某种忠诚是归于抽象的"雅典"。[①]

　　可是，雅典人能够表达其日渐成长的公民存在感的政治机构在公元前 508 年早期仍属雏形，并被精英所主导。我们可以认为，按梭伦修改过的样子看，传统的"政制"依然存在。因此，有时，召开讨论城邦事务的公民大会时，所有的公民都有权出席。但是，若精英圈之外的人有权利或权力在会上发言，则是不太可能的；非精英人士也不可能指望任职于准备提案的四百人议事会，行政官员，或战神山议事会。[②] 克里斯提尼作为名门首屈一指的成员，也是

---

[①] 参见 Ober,1989b,60—68；Manville 1990,124—209；Meier 1990,53—81。关于古典时代雅典缺乏正式庇护制结构的问题，参见 Millett 1989。

[②] 梭伦政制：参考资料引自 Ober,1989b,60—65。从梭伦时代到克里斯提尼时代的战神山议事会，参见 Wallace 1989,48—76。

战神山议事会成员,肯定既有权利也有权力向公民大会发表演说。似乎可以合理地猜测,他就在公民大会上(虽然不一定是唯一的地方),通过提议(而且好像确实通过了)政制改革,与平民结成同盟。群众发现,这些改革会为他们更充分表达日益高涨的公民意识提供制度性手段。通过这些提案和颁布的法律,克里斯提尼取得了政治影响力,而伊萨哥拉斯则开始倒霉透顶(希罗多德,5.69.2—70.1)。①

但是,如果克里斯提尼现在有人民站在他这边,那么伊萨哥拉斯依然是执政官,况且他还能够请外部武装力量进来。不管克里斯提尼在公民大会上费多大力气提出或通过什么措施,只有当公民大会的意志被允许决定事态的进程时,新的政制秩序才能成为可行的政治现实。伊萨哥拉斯执意不允许这种情况发生,捎信给斯巴达的克利奥密尼斯,报告这些令人不安的事态。克利奥密尼斯做出了回应,他给雅典人派来传令使者,告诉雅典人,表面上说起来是出于古老的基伦诅咒的缘故,他们必须把克里斯提尼及许多其他人驱逐出城邦(希罗多德,5.70.2)。克里斯提尼及时离开了(希罗多德,5.72.1)。

即使克里斯提尼离开雅典之后,伊萨哥拉斯和克利奥密尼斯一定仍对雅典的局势感到不安。一支规模不大、国籍混杂的军队,以斯巴达人为核心,以克利奥密尼斯为统帅,很快到达雅典城(希罗多德,5.72.1)。克利奥密尼斯在伊萨哥拉斯的建议下,下令驱逐了更多人;希罗多德(5.72.1)声称,总共有 700 个家庭被驱逐。执政官伊萨哥拉斯及其斯巴达同盟显然已控制了雅典。这本来可以是我们可能称为雅典政治进步运动的终结。雅典很可能会变成

---

① 关于克里斯提尼和平民的关系,希罗多德有所强调,见《希罗多德》(5.69.2);《雅典政制》(20.1)也有所强调。由于 Wade-Gery 的文章(1933,19—25)开了先河,一直以来,公民大会是克里斯提尼赢得人民喜爱的舞台,这一看法被广为接受;见讨论于 Ostwald 1969,149—160。

## 第七篇 公元前 508—前 507 年的雅典革命：暴力、权威和民主制的起源

另一个阿尔戈斯——偶尔不受管束，但终究是软弱的斯巴达附庸国。斯巴达毕竟是公元前 6 世纪末希腊的军事霸主，克里斯提尼及其他带头反对伊萨哥拉斯的人现在是无权的流亡者。

不过，事情还没有完。接下来出现的是我先前所提到的革命关头。根据希罗多德的说法，伊萨哥拉斯和克利奥密尼斯企图废除议事会，①并将政治权力移交给一个 300 名伊萨哥拉斯支持者的机构。但是，当议事会抵制并拒绝从命时，克利奥密尼斯和伊萨哥拉斯及其支持者一起占领了卫城。然而，其他团结一心的雅典人把他们围困在卫城达两天；但到第三天终于达成休战，其中的拉凯戴蒙人被允许离开阿提卡领土（希罗多德，5.72.1—2）。

斯巴达人被驱逐之后余波再起，至少被扣押的克利奥密尼斯军队的某些非斯巴达成员（包括伊萨哥拉斯的雅典支持者，不过并非伊萨哥拉斯本人）立即遭到处决（希罗多德，5.72.4—73）。这些事件之后，雅典人召回了克里斯提尼和那 700 个家庭（希罗多德，5.73.1）。一个崭新的宪法秩序（推测类似于克里斯提尼所提议的秩序，或者是他被放逐之前动议颁布的秩序）很快实施到位。②

与此同时，克利奥密尼斯觉得雅典人的"言行"令他"实在无法容忍"（希罗多德，5.74.1）。容我把希罗多德的陈述解释如下：克利奥密尼斯受到"言辞"（议事会拒绝解散令）和"行为"（平民起义反抗斯巴达人和雅典内奸）的激怒。斯巴达王要复仇。他仍然计

---

① 动词"epeirato"所暗示的主语要么是克利奥密尼斯，要么是伊萨哥拉斯。虽然假定是伊萨哥拉斯（作为执政官）向议事会发出正式命令，但语法所指似乎是克利奥密尼斯。无论如何，这仅仅是一个程序问题：希罗多德的叙述显示克利奥密尼斯和伊萨哥拉斯始终密切合作。

② 希罗多德(5.66.2)暗示，至少有些改革在克利奥密尼斯到来之前已经实施；《雅典政制》(20—21)在叙述革命本身的历史后，对改革内容有所讨论。我认为极可能在克利奥密尼斯到来之前，有的改革方案就已经被提出，并被公民大会作为法令颁布，但是，难以想象有足够的时间将新政制的所有具体细节全都付诸实践。关于五百人议事会何时建立的问题，参考如下。编年史记事回顾，参见 Hignett 1952,331—336；Rhodes 1981,244—245,249；Chambers 1990,221—222。

划扶持伊萨哥拉斯在雅典掌权,但是他于公元前506年的反攻倒算失败了,一方面是因为伯罗奔尼撒各邦缺乏团结,另一方面则是由于雅典人团结一致、军纪严明(希罗多德,5.74—77)。不出几天时间,雅典已经从眼看要陷入的斯巴达附庸地位变成一个强大独立的城邦。雅典曾两度被外邦占领,雅典人拒绝了少数精英的统治,代之以政治改革的激进方案,当改革计划受到威胁时,他们成功地揭竿而起,反抗占领者。雅典人将改革体制化,捍卫新的政治秩序以抵抗外来侵略,走上了很快通往民主政体的道路。这是一个令人称奇的故事,希罗多德(5.78)向其读者指出雅典的成就是多么不同凡响。这就是著名的雅典革命。

希罗多德的叙述紧接着由亚里士多德的《雅典政制》来补充,或许有几处还由后者加以详述。这里将着重讨论在我看来特别值得关注的三个方面。两个是克里斯提尼研究的老话题;第三个则不是老话题。

第一个奇特之处是,克里斯提尼作为战神山议事会成员和古老贵族的头面人物,一开始就心甘情愿依靠平民——如希罗多德指出的那样,"那些平民以前是被鄙视的"(希罗多德,5.69.2)。第二个惊人的事情是,克里斯提尼从流亡中召回后,履行了他曾经对平民的承诺(以公民大会上的提案或颁布法令的形式)。他建立的政府形式至少从长远看会终结雅典的贵族政治优势,从而赢得了平民对他的信任。克里斯提尼这种看起来怪异的举动已经被人们浓墨重书。因为克里斯提尼的行为似乎公然违背贵族的精神气质("你不可结交卑微之人"),也跟普通人对人性的设想相悖("你应当永远按照自己的利益行事"),关于他的目的,一直以来都有详尽细致的各种解释。在学术文献里,对克里斯提尼的看法,至少在英语世界,有两种观点占主导地位。一种是以刘易斯(David M. Lewis)在《历史》中发表的颇有影响的文章为代表,姑且称之为"玩世不恭的现实主义者"观点,认为克里斯提尼并非雅典平民的

## 第七篇 公元前 508—前 507 年的雅典革命：暴力、权威和民主制的起源

真正朋友，事实上，他通过德谟的建制大耍手腕，巧妙操控，让阿尔克米翁尼德家族得到好处（或者至少想让其得到好处）。① 刘易斯提出了"现实主义"观点以对抗另一种观点：克里斯提尼"理想主义"大公无私的观点。第二种观点可能透过维克多·埃伦伯格（Victor Ehrenberg）的著作得到了最好的说明，埃伦伯格把克里斯提尼视为一个大公无私、热爱民主、目光远大的人。②

我不想否认克里斯提尼对一个新的社会怀有梦想（以下有详述），或者否认他希望在那种社会中为其家族谋得特权地位。然而，无论是那种把克里斯提尼说成奸诈褊狭的政客的"现实主义者"观点，还是把他说成自觉无私的民主之父的"理想主义者"观点，都不足以解释希罗多德叙事中的第三种怪异之处——通过逼迫斯巴达人投降并撤出阿提卡而使伊萨哥拉斯及其党人彻底完蛋的那场起义。虽然希罗多德和《雅典政制》的寥寥几笔无法提供给我们大量的研究材料，但似乎就在克利奥密尼斯企图废除议事会并占领卫城之后，接着就出现了反伊萨哥拉斯和斯巴达人的自发的暴动。没有那场起义，克里斯提尼的改革就只能是空谈：提案或颁布的法令一遇到外邦武力威逼即告作废。

我们很可能永远无法知道克利奥密尼斯解散议事会的企图和他按条件投降这两起事件之间究竟具体发生过什么，但是我们至少可以肯定什么事情没有发生过，而这本身就很有用。首先，我们不应该把围困斯巴达人于卫城的事件想象成有组织的军事行动。无论前克里斯提尼时代雅典的军事力量是何种形式，希罗多德或

---

① Lewis1963.
② Ehrenberg 1973,89—103：公元前 510 年的克里斯提尼是"一个有新的激进思想的人"(89)；他于公元前 508 年"披露新的民主秩序方案"(90)而获得支持；"他的改革是……首批民主制方法的范例"(91)。克里斯提尼的主要兴趣不是个人权力，相反，"权力对于他是为一个正在民主制门口的社会创立政制框架的手段"(91)。那么，在艾伦伯格看来，克里斯提尼是无私而强有力的领袖，其地位是"掌舵人"(102)。见 Ehrenberg 1950。

《雅典政制》都未曾提及围攻卫城的军事领袖,或任何其他形式的正规领导——甚至根本没提到过任何军事执政官或将军,也没有任何舰队指挥官召唤自己下属的事。史料的沉默使论证不靠谱是众所周知的,但是(如基伦与舰队,梭伦与世袭贵族,庇西特拉图与阿尔克米翁尼德家族这些叙事所证明的那样)希罗多德和《雅典政制》的作者都对贵族领导作用非常感兴趣——无论是个人的,还是集体的或体制性的。我很难相信叛乱中出现贵族领袖这种事会被遗忘,或者说贵族领袖的身份会在革命与希罗多德来到雅典这60来年的间隔期间被彻底隐瞒。对占领卫城的斯巴达人进行英勇抵抗的事迹无疑是贵族家族们数代难忘的美谈。正是这种家族传统构成了很大一部分希罗多德叙述的基础。我们当然不能排除希罗多德刻意隐瞒领导人角色的可能性。但是,他为何要这样做呢?为了进一步美化阿尔克米翁尼德家族的克里斯提尼?可是,即使希罗多德的确偏爱阿尔克米翁尼德家族(这还远无法肯定),假定的领袖们也应该是阿尔克米翁尼德家族的盟友,毕竟克里斯提尼很快被召回,而且其宪制改革得以实施。[1] 最后,假定驱逐斯巴达人的行动有贵族领导,这个论点本身的依据就是未知数,这是现代人的补充,其可信性完全依赖于无法证实的(而且是精英式的)推测,认为这种事情离开了贵族领导根本办不成。这种情况我们情愿相信仅有的史料,认为希罗多德和《雅典政制》只字未提任何领袖是因为雅典传统根本无相关记载,而雅典传统无记载又是因为这本是子虚乌有——或者说,至少从贵族等级上达不到名门的档次。

此外,希罗多德或《雅典政制》言及围攻卫城时未提到重装步

---

[1] 在希罗多德对革命的叙事建构中,对口头传统的角色(家庭与城邦的)有详细探讨,至于希罗多德为阿尔克米翁尼德家族辩护的假设,有人予以有力的抨击,见Thomas 1989,144—154,238—282。

## 第七篇 公元前508—前507年的雅典革命：暴力、权威和民主制的起源

兵：按希罗多德的说法，其余的雅典人对时局形成一致的看法而动手围攻卫城。《雅典政制》提到平民聚众起事。这当然并不意味着没有人戴上重甲去参与围攻——但值得注意的是，两种史料都未暗示有类似于"常规"陆军建制应召出场。可能最好的解释是假设在克里斯提尼宪制改革之前的时代，根本不存在"国民"军队。如果没有正式的国民军队，那么古代雅典的军事行动通常由贵族领袖去完成（可能经常相互合作）：能够召集成群的武装追随者的人。① 如果是这种情况的话，由伊萨哥拉斯提议、克利奥密尼斯所实施的大规模驱逐行动（肯定重点在贵族家族上）已经完全破坏了召集雅典军队的手段——而这一点很可能是驱逐行动的动机之一。群众无需任何人从上面发令就可以行动，对群众这种能力表示怀疑的并不仅仅是现代学者。

迫使斯巴达人投降的行动显然是在没有传统军事领导、没有常规军的情况下完成的。那么，这种行动我们该怎样去想象？公元前508—前507年雅典人对卫城的围攻最好被理解为一场暴乱——一场暴力的、或多或少自发的起义，参与主体是大量的雅典公民。为了解释克利奥密尼斯的行动，我们必须推断暴乱发生得非常突然，其规模比较大，程度比较激烈，坚持的时间也比较长。②

占领雅典卫城之后，克利奥密尼斯及其战士以自然堡垒为防御工事，这种守势在两年前还挫败了围攻希庇亚斯的斯巴达常规军。可是，就在这次围攻的第三天，斯巴达的王者指挥官同意了这

---

① Frost 1984.
② 我自始至终都认为克利奥密尼斯是一个经验丰富、心智健全的军事指挥官，他的决定是审时度势的。关于克利奥密尼斯疯癫的传统说法，参见 Grittiths 1989，在一些可敬的学者的叙述中，平民的行动简直就不见了，注意到这一点倒很有趣，如 Ehrenberg 1973，90："克利奥密尼斯和伊萨哥拉斯会晤，而议事会拒绝从命……他们已经下令解散，这里很可能指的是战神山议事会……斯巴达人撤退，伊萨哥拉斯失去权力，他的许多追随者被处死。"

种羞辱性的有条件投降——把他的非拉凯戴蒙出身的战友们交给暴民们,任其无情处置。克利奥密尼斯出人意料地答应如此苛刻的条件,一定意味着针对他部署的力量太过强大(在整个围困期间),突围根本不用考虑。为何斯巴达人没有像希庇亚斯曾准备采取的应对那样,以等待来熬过围困?鉴于古代希腊攻城技术并不先进,斯巴达人不太可能害怕对方成功攻陷要塞。更可能的情况是,斯巴达人未曾有足够的时间备置补给(不像希庇亚斯那样)。这暗示克利奥密尼斯占领卫城是非常匆忙的行为,反过来推断意味着他对起义猝不及防。这种推论的时间顺序支持的设想是,起义发生得非常突然。那么,起义的诱因是什么?

希罗多德所描述的行动发展阶段如下:

1. 伊萨哥拉斯/克利奥密尼斯试图解散议事会。
2. 议事会抗拒不从。
3. 克利奥密尼斯和伊萨哥拉斯占领卫城。
4. 其余雅典人的看法趋于团结一致。
5. 他们包围了斯巴达部队。
6. 克利奥密尼斯在被围困的第三日投降。

如果按希罗多德所言,我们必须认为1、2、3、5和6是时间上考虑周到的依顺序发生的事件。另一方面,步骤4不可能被看作依时序出现的时刻;在一个典型的口传信息的社会,一次只讲一件事,关于步骤1—3,事件的消息已经以口传方式传遍全雅典。可以推测,住在城里的人已经先一步知道发生了什么事,然后消息再传达到(很可能非常迅速,但不是即刻)乡村地区的公民们。[①] 希罗多德的用语("万众一心")支持这样一种看法,认为在雅典的广大民

---

① 关于雅典的信息如何传播,参见 Hunter 1990。

### 第七篇 公元前 508—前 507 年的雅典革命:暴力、权威和民主制的起源

众中有一种普遍的且高度发达的公民意识———一种对政治事务形成强烈的集体性看法且据此采取行动的能力。

如果我们从希罗多德的叙事开始看,可以举出两个诱因来解释雅典平民意见的具体形成和反斯巴达暴乱的爆发。首先,斯巴达人企图解散议事会及议事会的抗争诱发的暴乱(于是会始于步骤 1 和步骤 2 完成之后,但先于步骤 3)。按照这种剧情,克利奥密尼斯和伊萨哥拉斯会对突然发生的暴乱感到惊恐,迅速退守到就近的卫城要塞。要不然也可能是斯巴达人占领卫城之后(因此是步骤 3 之后)才发生暴乱。根据这种证据解读,暴乱是由斯巴达人对神圣的卫城进犯性质(进攻和冒犯的双重含义)的接管所诱发。第二个假设肯定与希罗多德(5.72.3—4,参见 5.90.2)的说法相吻合,他说克利奥密尼斯有渎神之举,且对雅典娜女祭司不敬。可是在我看来,这种情况的设想也不能完全令人满意。因为无法解释为何克利奥密尼斯感到有必要把他的全部部队带到卫城上面去。为何伊萨哥拉斯及其党人(希罗多德,5.72.2)跟随克利奥密尼斯到卫城上面去?而且假使斯巴达军队对卫城的占领是一种考虑周全且从容不迫的侵略行为,那么我们又如何解释他们未能带足哪怕是坚持 3 天的补给?①

《雅典政制》(20.3)肯定把克利奥密尼斯转移到卫城的举动视为对暴乱的防御性回应:当"议事会抗命不从,暴民聚集,克利奥密

---

① 希罗多德声称,克利奥密尼斯夺取了卫城,然后再和拉凯戴蒙人一起被赶走(5.72.4),给人的感觉好像他的全部兵力都一起上了卫城,一起被围困,一起投降。克利奥密尼斯的军队一大部分在围困开始后上山与他汇合,这是不太可能发生的,希罗多德根本未提到克利奥密尼斯的人员在他投降前在卫城下面的城区被俘获的事。值得注意的是,基伦(希罗多德,5.7.1;修昔底德,1.126.5—11)和庇西特拉图(两次:希罗多德,1.59.6,60.5)早前夺取过卫城,每次都是企图建立僭主制的第一步。克利奥密尼斯的情况不同在于,他是在控制了城区之后才上的卫城。

尼斯和伊萨哥拉斯的支持者就逃往卫城避难"。① 向卫城的转移被具体描述为对议事会抗命和群众聚集的防御性反应。《雅典政制》的陈述若具有独立证据价值,其作者必须接触不同于希罗多德叙事的证据(无论书面还是口头传统),而作者显然又对希罗多德研习很深。这种原始资料的研究问题我们无法在此给出定论,但是,《雅典政制》的作者想必有关于克里斯提尼实际改革方案的独立信息,也应该读到或听到过解散议事会未遂后暴民聚集而伊萨哥拉斯和克利奥密尼斯逃往卫城的这些事件,这样讲实际上也并非不可能。最起码,我们必须认为《雅典政制》在解读希罗多德关于退守卫城的叙述时,把事件说成逃亡,而非有计划的侵略行为。②

最后,让我们考虑一下这些事件唯一的其他古典时代史料:阿里斯托芬的《吕西斯特拉忒》(*Lysistrata*,第 273—282 行)。剧中有雅典老男人合唱,准备迎击对卫城(为多国籍女性守卫)的进攻,他们相互打气,"即使克利奥密尼斯曾夺取卫城,他也未能免于惩罚而逃脱,尽管他有拉哥尼亚式的斗志,还是灰溜溜地离开,向我交出武器,仅着单薄的披风,饥肠辘辘,肮脏邋遢,蓬头垢面……我如此凶悍地围攻此人,随时保持警惕,在卫城门外列出 17 个队形,包围个泄不通"。这当然不是历史,而是诗歌和戏剧描写。克利奥密尼斯缴械投降和他饥肠辘辘的窘相似乎言之成理,但是过于精

---

① Stanton(1990,142,144n.6)将"sunathroisthentos tou plethous"译为"平民已经被召集",其理由是"动词'已被召集'肯定是被动语态",但是我把过去式分词 sunathroisthentos 当作(在语形学方面)反身意义,而非被动意思;关于差异区分,参见 Rijksbaron 1984,126—148。关于 sunathroizo 过去式分词的反身意义,参见 Xen, *Anabasis*. 6.5.30;关于 athroizo,参见 Thuc. 1.50.4,6.60.4,尤其见于 Aristotle *Pol*. 1304b33。

② 关于希罗多德的叙述与《雅典政制》之间的关系探讨,见 Wade-Gery 1933,17—19; Rhodes(1981,240—241,244)力证希罗多德为《雅典政制》(20.1—3)之唯一权威。关于《雅典政制》资料使用的一般性讨论,参见 Chambers 1990,84—91。

确地称有 17 个队伍,也不太可能反映历史真相。然而,罗萨琳·托马斯(Rosalind Thomas)指出,阿里斯托芬的这段描写很可能代表一种逼真的聚众围攻传统。① 而这种传统的重心显然是人民的军事行动,而非其领袖们的作为。

　　虽然鉴于有限的史料,我们确实无法证实一些事情,但我依然认为最容易假设在议事会抗命之时爆发了自发性的暴动。由于猝不及防,克利奥密尼斯和伊萨哥拉斯带着部队退守卫城要塞,以待重整旗鼓。卫城被占领的消息迅速传开,进一步激起雅典人的怒火,于是成队的暴动者陆续前往增援,乡村居民揭竿而起,涌入城里。在克利奥密尼斯看来,这种始于议事会抗命的糟糕局面随时间推移变得更糟。克利奥密尼斯被困于荒凉的山坡上,缺食少水,造反的队伍又不断涌来,他已穷途末路,直接谈判投降。这种解释的优点是吸收了希罗多德叙事的主要内容及两个其他古典时代的史料,以理性的方式解释克利奥密尼斯的行为,与口头社会的消息传播方式相适应。正如我以上争辩的一样,如果导致把雅典从斯巴达控制中解放出来的雅典军事行动是一场暴乱,其诱因是伊萨哥拉斯或克利奥密尼斯直接下令解散议事会并以 300 名伊萨哥拉斯党人取而代之,以致议事会拒绝服从,那么,我们该如何解释议事会的抗命与暴乱事件之间的联系?无论是议事会的动机,还是其动机与平民之间的关系,我们都缺乏直接文本证据,我出于比较的目的举出一个例子,那是一个政治机构面对强权发出解散令时做出的著名革命性抗命。虽然这种比较是补充性质的而非正式的证据,但是只要能对可能的极限增加一般性的假设空间,这种比较就是有用的,在这种情况下,表现出抗命的举动确实会诱发一场革命。

　　1789 年 6 月 17 日,法兰西王国第三等级的代表们,即原本

---

① Thomas 1989,245—247.

由国王召集的一个机构，宣布自己为法国国民议会。这种自我重新定义身份的行为不被现存的、此前的王国最高权力所认可。6天以后，即6月23日，国王路易十六带领4000人的军队包围议会大厅，宣读了一项王室对自命的议会成员的声明，指出第三等级以"国民议会"自称的行为是无效的；所谓国民议会的法令一律作废。路易以如下言辞结束讲话："先生们，我命令你们立即解散。"但是，国民议会既拒绝解散，也拒绝放弃自我命名的行为。①

根据桑迪·彼得雷伊（Sandy Petrey）对这些事件的精彩诠释，第三等级给自己重新命名，而路易宣布该命名无效，这就造成言语行为之间的对抗——第三等级和路易都做出了试图在法国社会的真实世界里产生实际效果的声明；双方都试图透过命名的言语行为（或者在路易这边是"撤销命名"）演绎出一种政治现实。在法国革命前的正常环境里，国王的声明（用彼得雷伊所依据的J. L. 奥斯汀的言语行为理论术语来讲）本来会是"恰当的"或具有效力的——因为最高权威已经声明解散议会，那么整个议会就会被解散。可是，一如彼得雷伊所指出的那样，在一种革命的情景里，言语行为在说出口的那一刻，其行为本身便既非恰当，亦非不恰当。真正的情况是，言语行为的恰当性或有效性只能在事后得到证明。在这种情况下，国民议会得到如此命令后并未解散。国民议会拒绝承认国王言语的权力在世界上可以产生真实效果，于是就挑战了王权的合法性。②

言语行为的对峙还不等于事情结束。路易随后企图部署军队

---

① "先生们，我命令你们立即解散。"关于Abbe de Sieyes 更名议会的决定，以及路易在6月23日"皇家会议"上的回应，参见Wickham Legg 1905，18—20，22—23。关于革命在此阶段的叙述，参见Doyle 1980，172—177。

② Pettrey 1988，特别是17—51；Pettrey 的成果以奥斯丁1975年独创性的语言学理论为基础。

来强制实现其意志。这个企图又被巴黎街头爆发的暴乱挫败。用W.道尔的话来说,6月23日对峙之后的几周时间里,"无人怀疑国王仍准备武力结束革命,唯一能阻止国王的是反击的军事力量,可是议会并未掌握这种力量,议会只是被巴黎市民救了"。① 法国革命就这样发动了。因为革命成功了,结果第三等级重新命名的行为就是用词贴切,路易的废除声明就是用词不当;是不是布丁,只有吃了才知道,革命言语行为的证据就是造反。

虽然言语行为有效性依然未经证明,但是作为国民议会的第三等级在6月17日的自我定义,以及议员们对国王6月23日声明效力拒绝承认的行为,都有助于诱发一场革命,因为他们对国王创造政治现实的权力的"不可避免性"或"自然性"提出异议。一旦国王的正式声明不再被视为最高权威的表达,政治话语就不再属于有序法规的领域,而是成为各说各话的领域。任何具体解释的成功不再依赖根植于永恒和普遍接受的权力与合法性真理;反之,解释的成功取决于集体行动的法国人民的后续行为——这种情况就是暴乱与围攻巴士底狱。

法国革命和雅典革命在早期阶段的相似性肯定不是一模一样,但是其间的异同可能对我们很有教益。首先,在雅典的情况中,传说的事情在任何节点上存在最高权威的说法都很不明显,或者说,实际上,我们该不该谈论所谓最高权力都是一个问题。伊萨哥拉斯在公元前508—前507年是执政官,因此发布给议事会的解散令可以被视为具有合法权威的分量。但是,雅典执政官并不(我认为)具有路易十六享有的绝对权力,而伊萨哥拉斯给人印象中的权力合法性很可能并未因他借助外邦军事支持而增强。把雅典议事会拿来与法国国民议会比较一下如何?这要看希罗多德所说的议事会究竟是哪个机构?选项有三个(全都有现代学

---

① Doyle 1980,172.

者的支持）——战神山议事会、梭伦的四百人议事会，或新成立的五百人议事会。如果按照近来被莫蒂默·钱伯斯（Mortimer Chambers）再度激活的假设来看，情况与法国国民议会极为相似，钱伯斯认为，此间的议事会就是（或许是暂时姑且这么说）五百人议事会，在斯巴达人到来前就已根据克里斯提尼的提议和公民大会的法令建立起来。这个假设还很管用，既可以解释克里斯提尼对除掉议事会的兴趣，又可以解释议事会成员们抗命的英勇决心。但是，钱伯斯的论点部分依赖于不承认梭伦的四百人议事会的存在，所以目前暂时只能作为一个有吸引力的推断。[1] 无论如何，我们都无法确定议事会享有何种权力，或者其与执政官之间有何种宪政关系。

可是，尽管有这些说明和不明确的地方，法国和雅典情况的若干相关因素似乎还是很相似。希罗多德说国王"被言辞和行为所激怒"（5.74.1），这句有启发性的评论既适合法国革命，也适合雅典。在两种情况中，因为一个政治机构发出言语行为的蔑视，"官方性质的"政治话语——先前被各方都认为具有权威性和稳定性，能产生建制性行为，且具有法律性质——就变成了一个战场，双方争执于对合法公权来源互不相容的解释。伊萨哥拉斯（或克利奥密尼斯）说议事会已经解散了。议事会成员们以抵制其声明合法性的方式拒绝予以承认。至于法国革命，那要由街上的普通群众采取的行动来决定对立解释双方中哪一方的解释是恰当和有效的——迅速演变的现实情况会决定到底是伊萨哥拉斯的声明还是议事会成员们符合事实。在这两场革命中，官方权威所求助的武力遇到更强大的非官方力量以群众暴动的方式加以阻挠。两场革命都以公民们群龙无首的、短暂但决定性的围攻（卫城和巴士底狱）为特色；两场围攻的结局都是被围攻的军事

---

[1] Chambers 1990,222—23.

## 第七篇 公元前 508—前 507 年的雅典革命：暴力、权威和民主制的起源

力量领导者谈判投降。① 再者，两场起义都以被认定为革命之敌的个人被立即（容我补充，这在道德上是应该谴责的）处决而告终。雅典革命和法国革命一样，在"反革命分子"的鲜血中得到洗礼。② 可是，雅典与法国在这方面的区别也很明显：公元前 507 年之后的 10 年中，根本未出现相当于雅各宾恐怖统治或热月政变这样的事情。

就起义及其余波该记功（或记过）的角度来看，有一点很重要，需要提醒注意，虽然第三等级的资产阶级绅士们把自己命名为国民议会的勇敢行动有助于煽动法国革命，但那些绅士们并未带头进攻巴士底狱，③而且他们随后也无法控制革命的方向。议事会成员们也同样无法控制雅典革命。无论希罗多德还是《雅典政制》都未给议事会在拒绝解散之后的叛乱中认定一种领导角色：根据希罗多德的说法，议事会拒绝解散令之后，克利奥密尼斯和伊萨哥拉斯占领了卫城，"其余的雅典人团结一心"，围攻卫城——从字面上看，这句评论似乎排除了议事会成员们在其间的任何角色。就《雅典政制》而言，到了"议事会"抗命，"暴民自动聚集"的时候，"克利奥密尼斯和伊萨哥拉斯的支持者才逃往卫城"，随后被民众围困。两个作者似乎都一致认同议事会抗命的重要意义，但同时也

---

① 关于围攻巴士底狱，参见 Godechot 1970,218—246。巴士底狱虽然破败，但也是难以对付的堡垒，守军势单力薄，由 84 名退役老兵和 32 名瑞士雇佣兵组成。7 月 14 日进攻的前一周，守军司令官洛奈（Launey）典狱长已经为抵御进攻而改善了防卫。可是，"他仅有供一天消耗的肉和两天消耗的面包，更糟糕的是，堡垒里无饮水……洛奈可能……想到过，如果他遇到没有武装或装备低劣的群体攻击，进攻不会超过一天，入夜后暴乱者就会散去"(219)。难免不设想克利奥密尼斯也有过类似想法。

② 关于洛奈典狱长及 7 名巴士底狱守卫在 7 月 14 日如何被杀，以及旧政权的其他代理人如何被杀，参见 Godechot 1970,234—246。关于雅典人的杀戮一直都有质疑，其根据是《雅典政制》(20.3)的措辞，Ostwald(1969,144 及 n.6)指出，这仅需要指涉拉凯戴蒙人的军队，参见 Rhodes 1981,246—247。

③ 关于进攻巴士底狱群众的构成（主要是巴黎的工匠），以及议会议员或其他正式领袖的缺席，参见 Godechot 1970,211,221—226,230,237—239。

一致认为雅典群众起义才是关键性事件。①

最后,我们该怎样解读这场暴乱式起义及起义与后来的雅典政制秩序——"克里斯提尼的政制"——之间的关系? 比较的方法可以再次提供线索。汤普逊(E. P. Thompson)关于18世纪英格兰粮食暴动的专著和戴维斯(Z. Davis)关于16世纪法国宗教暴动的专著都有很大的影响力,他们的研究发展出一套对暴动行为进行历史评估的有用的方法。关于这种模式,最近苏珊妮·德桑(Suzanne Desan)的一篇文章进行了比较详细的讨论。该文指出,根据汤姆逊和戴维斯的看法,早期现代英格兰和法国的暴力集体行动并非仅仅是表示一般性群众不满情绪的随机性爆发。真正的情况是,这些暴动最好被解读为集体的自我定义或再定义的行为。例如,英格兰农民暴动是为支持汤姆逊所描述的"道德经济"——这是一种实际上非常保守的世界观,这种世界观假定农民与本地贵族之间的家长式(或者至少是附庸式)关系具有合法性。②

于是,公元前508—前507年的暴动可以被解读为平民拒绝执政官伊萨哥拉斯合法公权的政治自我定义的集体行为。希罗多德的叙述表明,暴动是雅典人就公民事务达致"团结一心"的积极表现。这种解读厘清了克里斯提尼在雅典革命中扮演的总体角色

---

① 参见举例,Hammond 1959,185—186:"议事会抗命。这挑起了人民对克利奥密尼斯和伊萨哥拉斯的对抗,两人夺取卫城并发现自己被围困";Ostwald(1969,144):"议事会拒绝向威胁低头,在平民的支持下围困了卫城";Stanton 1990,144n. 6:此间的议事会一定是战神山议事会,因为与四百人或五百人议事会不同,"应该有足够的永久性,也应该有政治经验丰富者的足够积累,才能组织对军事力量的抵抗;重点举措是召集平民……这里所需的影响力是那些做过执政官的部落领袖们对其追随者所拥有的"。战神山议事会领导作用的理论需要解释克利奥密尼斯的军力如何能强大并具有决定性,以致足以"赶走"分散于阿提卡的700个家庭(参见Stanton[1990,144n. 14]对700这个数字有所质疑),但是,这股力量太弱,不可能多过100—200人(战神山议事会的人数,参见 Wallace 1989,97 及 n. 23;Hansen 1990b,从这些人中还要扣除随700人驱逐的人数),这些人可能被召集于某处聆听解散令,不可能组织一场抵抗。

② Desan 1989.

及其功绩的范围。更具体来讲，这种解读有助于解释暴动发生前的几个月和暴动的决定性时刻克里斯提尼与平民之间的关系。

让我们回到希罗多德著名的、也是不容易理解的评论 (5.66.2)的语境与意义——"Kleistheneston demon prosetairizetai"。这个说法常常被当成对一次有明确主体和客体的简单事件的描述。赛琳科特(A. de Selincourt)的企鹅出版社译文就很典型："克里斯提尼把人民拉进他的党派。"但是，我们没必要赋予中间形式"prosetairizetai"（变成自己这边的人）以如此清晰的主动意义，也没必要将其想象成描写发生于某一单一时刻的事件。我想提出一个代替的（假如不太优雅的）翻译："克里斯提尼开始了成为人民可信赖的战友的过程。"①希罗多德的叙述无疑暗示了克里斯提尼在被逐出雅典之前，就已经同平民形成了某种特殊关系。我在上文中指出这种关系主要是公民大会的议案或颁布的法令，这显然也是伊萨哥拉斯引来克利奥密尼斯的大致原因。但是，没有理由认为用动词"prosetairizetai"所指的过程在克里斯提尼被逐前业已完成。简而言之，我的意思是说，克里斯提尼并未如此深度地吸纳平民们加入他的"伙友"，他本人也只是被一种对新社会的俗人的憧憬所吸引，这种社会正在演变之中，无疑还是初始阶段，依然会有社会地位的区别，但绝非狭隘的小集团所统治。

贵族责任的行为并不预示克里斯提尼与平民的新关系所暗示的雅典政治实践巨变——把排外的、贵族性质的"伙友会"的大门向群众敞开。相反，在这样一场革命中，平民凭自己的感觉行事，一个贵族凭自己同平民的关系，以及所有贵族同平民的关系的感觉行事。克里斯提尼承认雅典公民在法律方面是平等的参与者，

---

① 不要忘记这套术语无论如何是属于希罗多德的，而非克里斯提尼的，这一点很重要。这种术语在克里斯提尼的时代还不兴用，而只是反映公元前5世纪中期的政治语汇，参见 Chambers 1990,221。

在"政治权利平等"的旗帜下,平民们实际上成为克里斯提尼的"伙友",当然,这不是当代人的说法。① 我们切勿忘记希罗多德用的专门说法是属于公元前5世纪中期而非公元前6世纪后期的说法。但是,在公元前5世纪,当希罗多德正在撰写《历史》时,雅典的"伙友"被认为应该互相帮助,设法打击他们共同的敌人。平民们攻击斯巴达人,在克里斯提尼刚刚离开就召回了他,以此方式从克里斯提尼那儿获利。政治友谊是一个双箭头,克里斯提尼除了照顾平民的利益之外,也真的别无其他选项,于是他设计、制定并实施了一套制度框架,该框架将巩固和稳定民众对政治的新愿景。这种愿景在公元前6世纪时已于雅典公民大众中滋生,又在克里斯提尼被强制驱逐期间发生的暴动中得到了积极体现。"克里斯提尼的政制"把平民自我定义性质的暴动力量加以引导,变成了一种稳定且可操作的统治形式。

总之,与其说克里斯提尼是革命的权威领袖,倒不如说他是革命环境和革命行动本身所产生的诉求的老练诠释者。这并不是说要否认他的才华甚至天赋。但是,我们不要把他的天赋看成一种对未来民主乌托邦形成预言想象的能力,或是在宪政门面背后隐藏自私的王朝阴谋的能力,而是要将其看作一种"解读"能力,他能以自己的敏锐与感知,"解读"雅典文本革命时代的话语,认识到雅典群众行动业已创造出新的政治事实。克里斯提尼发现雅典平民的革命行动已经永久改变了政治和政治话语的环境。革命之后,超民众的权威再也没有牢固的靠山。如果雅典要以城邦的身份挺过难关,就要有政治权威性言语的新基础,但这种基础必须立足于平民自身的意志。克里斯提尼解读并理解了这个复杂的文本,深知复辟贵族集体的统治再无可能——或者至少他发现任何开历史倒车的企图都会导致血流成河,且会使雅典

---

① 关于"政治权利平等"及其意义,参见 Ober 1989b,74—75 所引用的文献。

## 第七篇 公元前508—前507年的雅典革命:暴力、权威和民主制的起源

人无法有效抵抗斯巴达。于是,克里斯提尼不负其广大伙友的众望,做了一个优秀的"伙友"(《雅典政制》21.1),克里斯提尼拿出了一套宪政秩序,给在没有他的情况下发动的革命提供了框架,并以此为基础有所建树。

# 第八篇　公共演讲与民主权力

约西亚·奥伯

如果当代人对古希腊民主接触的唯一渠道是知识分子批评家的文学作品,那么我们可能会认为,修昔底德等人对民主真实性的推断仅是一种理论性的前提,一个容易被攻击的稻草人,它使日常政治的各种假设性替代方案的有趣论点得以发展。但是,事实上,有大量基础证据支持古典时期的雅典曾被普通公民统治的看法:大约有150篇演讲,多数为老练的演说家所作,发表于雅典法庭和公民大会上。这一类资料对研究雅典政治的学生特别重要,因为这些资料提供了相对直接的渠道,去接触雅典法庭和公民大会优秀演说家所使用的语言。按古代批评家的说法,雅典平民透过对公共演讲的操控来实现其统治。因为我们有大量公共论坛演讲取样标本,可以对精英与广大听众交流时所用语言的意识形态基质进行分析。所以,我们试图评估交流内容所暗示的权力平衡,并试图判断演说文集对雅典民主一说究竟是予以确认,还是予以反驳。

在这种情况下去勾勒演说发表的环境可能比较有益。到了前4世纪后期,公民大会一年开会40次。会议一般提前几天通知,会期通常大约是半天,并向所有公民开放(成人、自由民、本地男性:一共大概3万人之众)。有6000至7000人逢会必到;到会场够早的人得到城邦津贴(大概为平均日薪)。议程由五百人议事会事先拟定,该议事会从公民中抽签产生,任期一年;议事会还推荐某些议程的议题。没有理由认为有任何等级的雅典公民在公民大会上被系统地压低了其代表名额,考虑到参会的自愿性质,演说者根本无法预知任何具体公民大会的社会阶层构成。虽然公民大会仅为全体公民的一小部分(大概是五分之一或四分之一),每次公民大会还是被雅典人当作全体公民的以小概全的合法代表。抽签产生的"一日主席"宣布正式开会,宣读(透过司仪)议程的第一项内容。宣读完议事会的推荐议案(如果有的话),主席问:"哪位雅典人有建议提出吗?"这时,在座的任何公民便可以起来就议题发言,倡导否决投票,修改议事会提议,或提出全新的建议,只要与会公民愿意听,他就可以讲。当公民大会参会人厌倦了某个演讲者,他们就会把他轰下台。当每个愿意经历这种严酷考验的人都发表完意见,主席执行投票,通常是举手表决。依简单多数来做出决定,然后主席继续下一项议题。雅典人以这种方式操办所有重要事务,包括外交政策和税收。许多保留下来的法令用语显示公民大会的辩论作用非同小可;现实中的法令原先由公民大会上某个自愿发言者提出,这种情况还很常见。

人民法庭(陪审法庭)一年中多数日子都开庭。多数案件,无论是私法诉讼,还是公诉(检举等),都由公民个人自愿提告另一公民。提告人将诉状呈递给一个由抽签产生的行政官员,该官员再把案件分派给一个法庭(有些情况需要先经过强制性仲裁,每位年满 60 岁的公民都必须做一年的公共仲裁)。诉讼当事人双方要面对一个由 200 名(通常)或 500 名年龄在 30 岁以上公民组成的陪审团,这些陪审员由随机抽签分配给法庭,他们出庭效劳有津贴领。没有一个主持法庭的法官,或者更准确地说,参加陪审的几百个公民中,任何一个人都是一个法官(陪审法官)。30 岁以下的公民不能做陪审员,除这种情况之外,就社会结构而言,典型公民大会和典型的陪审团之间没有多大差异。原告和被告都被给予规定的时间（用水钟计时）呈情（出现法律宣读和证人作证则允许加时）。在分配的时间内，每个发言者可以对自己的要点尽情表达，他经常会绕开话题去攻击对手的品德和过往，并捍卫自己的声誉。按美国人的标准，雅典人讲话可以说是漫无边际，但灵活发挥也不是无限度的；如公民大会的情形，引起听众不耐烦的诉讼当事人会被轰下去。此外，许多雅典法律的模糊是出了名的（如某法律禁止委员会傲慢无礼，但是不做定义解释），但要确定是否出现违法不义行为时，陪审法官就会被赋予相当大的自由裁量权。控辩双方发言一结束，法庭就开始秘密投票表决，无需正式协商。无罪或有罪以简单多数来判定。有些情况下，对有罪一方的处罚由法律强制执行；另外一些情况下，遇到控辩双方第二轮发言提出竞争性处罚方案，陪审团还要投一次票。整个案件一天审完。

无论在公民大会，还是在法庭，公共演说者面临大量"法官"听众，如果他们不想听，就随时可以把演讲者轰下去。无论是希望自己的提案通过表决成为法令的公民大会参会人，还是希望打赢官司的诉讼当事人，都深受约束，小心翼翼地起草演讲稿，因为哪怕一个修辞性错误就可能坏了自己的大事。

雅典的公共演说家往往（虽然肯定也不是毫无例外地）属于相对较狭小的精英圈子的成员，他们凭借其财富和教育背景立足于世。虽然原则上任何雅典人都可以在公民大会上发言，但事实上大部分辩论都是在一帮老练的"政客"中展开，这些人在听众那儿很有名，得到的称呼五花八门，如修辞家、煽动家或"资深演说家"。同样，这帮人占据了大量庭审时间，因为他们相互指控各种违法行为，诸如在女眷面前讲脏话、狂妄自大、亵渎、财务违规、甚至叛国罪都有。于是，古典时期的雅典民主制以其精英展示了一种政治生活活跃又好打官司的特色。这帮人就是具有支配地位的精英吗？

我认为答案是否定的。但是，就算是雅典有一群政治上高度活跃的精英人士,或是精英们有主导政治体制的倾向,也值得追问精英为什么未能成为主导力量,以及在什么情况下其政治活动能力可以被认为构成了主导性优势。

　　古典时期的雅典(以城邦的标准,总人口为大约 15—20 万)是一个面临严重外部威胁的复杂(非"面对面")而大型的社会。如果没有这些有头脑,深思熟虑,能言善辩,又有时间投入到复杂的外交政策和城邦财政的人上,雅典的民主制不可能有效运作。如果这些人通过自己内部合作去操控公共机构,以增进其自身的利益,这帮不可或缺的精英能人可能会被准确地界定为名义上的民主体制内的政治主导精英。操控可以采取各种形式:(1)精英们或许可以在人数上主导公民大会和法庭;(2)精英们或许可以通过对非独立的依附性公民的投票实施庇护权威,以操控表面上公开的投票过程;(3)精英们或许可以控制政治议程,以阻止对某些问题的辩论;(4)公民大会和法庭的那些群众主导的机构或许可以成为精英主导的决策官僚体制的掩护;或者(5)精英的话语和价值观或许可以界定"民主"文化本身的意识形态基调,进而对一种真正的民主政治演变施加霸权式的先决限制。

　　以上这些大多数的可能性轻而易举就被打了折扣。(1)近期的研究已经驳斥了公民大会和法庭被上层社会把持的看法。考虑到牵涉的相对庞大的人数,以及以参会津贴的做法对平民的鼓励,精英想做到人数方面的主导自然就不太可行。(2)虽然人身依附关系被广泛承认为罗马政治生活至关重要的部分,但近期的研究表明,类似结构(制度性的或社会性的)的环境在古典时期的雅典并不存在。(3)公民大会的议程由五百人议事会安排,议事员(受薪)由抽签产生,并被禁止任职超过两个一年任期。议事会大规模的轮番任职所创造的氛围不利于其作为机构而发展,也就无助于精英把持的局面。有人试图把议事会视为政府里的"资深伙伴",这种看法并未获得许多历史学家的认同。此外,"资深演说家"的发言无疑频繁出现在公民大会上,有相当的证据显示,更多的发言属于随意的和偶尔性质的参与,其发言者则是一个分布远为广泛的群体。(4)虽然一年一度选出的(而不是抽签产生的)将军们(公元前5世纪)和财务官员们(公元前4世纪)的确是政府里的重要角色,他们的决策权却是有限的。行政官员任职前必须接受严格的公众审查,卸任时接受公众审计。涉嫌密谋反对人民的行政官员总会(事实上很频繁地)被民众法庭起诉并处罚。无证据显示行政官员的各种委员会曾经构成过某种隐藏的政府。直到马其顿于公元前322年推翻民主制为止,城邦最重要的政治工作都是在公民大会和法庭上公开完成的。

而第(5)个方面——对精英假设的意识形态霸权——才是我尤其关心的,主要是因为古典学学者们近来一直对此有明确的主张,这些学者所做的工作理论上来说是博学的,而且也没有特别受到塞姆(Syme)的影响。以意识形态霸权的说法,我们从罗伯特·米歇尔斯的"引力场"转移到安东尼奥·葛兰西和路易·阿尔都塞的"引力场",后两人是修正派马克思主义者,他们都试图以文化术语解释被剥削人民群众难解且顽固的"错误意识"和对革命热情的缺乏。正是这种演说文集对于回答有关精英主导说的意识形态争论特别有用。雅典广大普通听众对于他们持不同意见的评论会做出激烈而迅速的反应。他们的决定(表决)对演说者影响深远。因此,演说文集频繁出现的主题和论题就应该十分精准地指向当时起作用的政治和社会价值观以及雅典公民的看法(以集体而论即"意识形态"),而老练的演说者对这些问题会按自己的把握去处理。对于意识形态分析,巴结讨好的手法比演说者力图证明的实际情况更为重要:实际情况可以与听众的信念有冲突;而巴结讨好的言辞必须无条件地尽量迎合那一套同样的信念。

根据我对修辞论题的研究来看,雅典平民的意识形态是高度民主的,远不至于被精英的价值观所颠覆或取代。凡遇大事,公民们并非遵从精英专家的意见，而是相信公民作为集体才是国家大事可能的最佳评判者。此外，雅典的任何公民若要卓有成效地参与集体决策，没有必要非得接受什么特殊的教育不可，因为在民主的城邦长大成人本身就是足够的教育。按大众的思维，公民大会和法庭的决策教育了公民，其过程提醒公民雅典政治权力最终来源于何处，其具体决策蕴含睿智。相形之下，人民对声称具有特殊政治知识或教育背景的人觉得十分可疑；公共演说家们常常特别以这种理由攻击他们的对手，把自己描述成普通公民，把自己的对手描述成聪明过头、训练有素的演说家，这种演说家花言巧语，会威胁并妨碍集体决策。

根据类似的道理，雅典人相信自己是一个高贵的族群。所有雅典人都能追溯其祖籍至阿提卡最早期的"土生"居民，因而所有的雅典人都是"本地原生的"，与乡土拥有共同的联系。在雅典的意识形态里，本地原生性确保了对城邦利益和维持城邦的政权的坚定忠诚。因此，一个雅典公民以其"高贵的出身"获取特殊地位就很困难。对于乡土意识形态一个逻辑推论就是诉讼双方都有攻击对方出身的习惯——"异邦血统"就是涉嫌对雅典及其民主制不忠的理由。

民众的意识形态也涉及财富及拥有财富所带来的权力。雅典社会当然是按经济等级来分层的。此外，尽管某些雅典富有的精英有所担心，但从来没有人认真地尝试在公民中系统地重新分配财产——人民的权力并未用来让所有人获取一样多的收益，而财富能够，也确实为其拥有者提供了收益。可是，在另一方面，民主意识形态既鼓励了自愿的财富再分配，也限制了贫富不均的政治效应。普通雅典陪审员对于富人阶级深怀猜疑；他容易把富人视为傲慢任性的人，至少对民主政权抱有潜在的敌意，因为这种政权阻止了富人将其经济地位直接转化为对他人的权力。富有的雅典诉讼当事人深知其命运取决于怨气难消的陪审员的看法，极力将自己表现为人民的一员,以消除人们对他的怀疑。有时,一个小康人家的演讲者为了争取陪审员的同情,装成穷人的样子,好像是被更有钱有势的对手纠缠。另一些演讲者则指出,他们的私人财富曾经频繁地充作公用,其形式有公益捐、特别税和对城邦及贫困邻居的自愿性捐助。相反,对手会被描述为臭名昭著的吝啬鬼。个人历史上慷慨大方的诉讼当事人在和自私的对手争执时,觉得自己有资格要求陪审员们相信其无辜。由于每个雅典富人涉及诉讼的机会很多,这种"市场"关系鼓励了私人的慷慨行为。可是,由于个体的诉讼当事人是恳求别人开恩的那个人,所以讨价还价的条件掌握在普通公民手中——正是这些人决定某位精英人士的历史表现和当下的自我陈述是否足以补偿他现在所要求的照顾。

对个人演说行为正式的群众性裁判频繁出现,而且也很重要,这样也容易防止精英们出现抱团行动去追求自身阶级利益的趋势。雅典公民大会辩论和雅典诉讼的程序让精英演说家们为获得稀缺性资源而相互竞争:公民大会只能就一个特定的政策措施通过一个法令,法庭的诉讼也只能有一个赢家。此外,雅典的陪审员们深知精英内部合作所伴随的危险,对于不愿陷于与其他政客激烈诉讼对抗的任何有抱负的政客,他们有高度的戒心。有些法律程序似乎是为鼓励精英间的竞争和诉讼而设,其中有名的是财产互换法:富人甲发现自己非自愿承担一笔公益捐,而又认为富人乙的财产未付够其分摊的公益捐,那么甲可以正式挑战乙承担甲的公益捐。如果乙拒绝,甲就可以向法庭提告乙,要求与其做强制性财产互换,以便甲可以用乙的(从前的)财产交纳公益捐。财产互换法鼓励雅典富人暗中监视他人隐藏的财富,让富有的精英成员彼此争斗,在法庭上竞相争取群众的同情。

雅典民主制把以激烈竞争和痛苦为特征的贵族精英活动引入公共竞争,这种竞争对平民有利,并任由广大听众评判。精英的属性并未被消除;他们可能在某些情况下饱受蔑视。然而,正是这种永远难以捉摸的非精英公民"暴民"有权判定某些具体的情况是否让具体的精英表演正当合法。雅典的精英在一种制度性的不稳定条件下生活与行事。假如他想要得到希腊贵族们通常渴望的东西——政治影响力、公共荣誉、广泛的赞扬、社会的尊重——他就必须遵守游戏规则,而这些规则在不停发生微妙变化,游戏的裁判是一个按根深蒂固的俗人理想来行事的集体。做裁判的法官们对输了官司的人和犯法者宣判严厉的处罚:巨额罚金、流放,甚至处死。可是,就在输家被打发走的时候,新的玩家已经排队等候。看起来有些荒谬,但事实确实如此,雅典精英中间那种争强好胜的贵族意识形态坚忍不拔的力量通过不断提供能干的谋士,维持了民主秩序,其中每个谋士都以言行竭力向人民解释他对民主理想与实践是多么忠诚,同时急于揭露其他精英同伴如何不忠。

雅典政治生活的游戏严酷无情,往往很险恶;这也是修昔底德、柏拉图、亚里士多德及其他当时雅典民主制的批评者演变出反民主立场的理由之一。但是,这种局面也是完全自愿造成的:不愿忍受这种游戏的雅典精英可以像一个老实人一样纳税认捐,远离政治。当别人把他告上法庭时,他可以指出自己历史清白,该交该捐的绝无亏欠,希望得到宽大处理的回报。他可以以撰写或交谈的方式畅所欲言,自由批评民主政体,前提是不要(如苏格拉底所为)把自己的说法带进公共场所或诱导他人参与流血政变去颠覆民主制。

最后一个问题需要引起我们注意。无论古典学家,还是理论家,在传统上都把公元前 5 世纪视为雅典历史上真正激动人心的时期。伯罗奔尼撒战争(公元前 403—前 322 年)之后的民主时期有时被描述为颓废与衰落的时代——或者至少是官僚化、体制化、自私的个人主义、公民精神怠惰以及激进民主理想受挫后的被迫收敛。但是,我在本文所提及的几乎所有文本都撰写于公元前 4 世纪。修昔底德写作于公元前 5 世纪末,至少其部分史记写于伯罗奔尼撒战争之后。柏拉图和亚里士多德活跃的生涯全部在公元前4世纪。除17篇以外,我的雅典演讲术研究所考察的所有其他演讲都来自伯罗奔尼撒战争之后。战后的这段时期始于对斯巴达强加的三十僭主著名的(也是成功的)民主抵抗运动,终结于对马其顿帝国主义同样勇敢的(但最终失败的)抵抗运动。与此同时,雅典人民向公民大会出席者发放津贴,激进地扩大了参政津贴发放的范围,而且即便面临财政紧缩也坚持这种做法。亚里士多德无疑把他自己那个时代的民主政体(《政治学》,1274a6)看作民主终极目标的彻底实现,并把前4世纪的雅典视为最极端形式的民主制样板。

如果我们把公元前5世纪的雅典文化看作辉煌而短暂的激进主义,随之而来的则是迅速且灾难性的衰落,并终结于沉闷与平庸,那么我们又怎样去解释这种"黄金时代"综合症呢?这个问题根本就没人回答,但是,我倒愿意建议考虑几个起作用的因素:(1)该时期被归类为战败多发期:首先是伯罗奔尼撒战争,然后是卡罗尼亚之战(公元前338年)以及拉米亚战争(公元前322年)。雅典曾取得过辉煌的战绩,如公元前506年打败斯巴达及其盟邦,公元前490年和公元前480—前479年打败波斯人,以及前5世纪中期帝国战争的表现,那些军事失利与这些胜利形成了反差。我认为这种反差有助于推演出一种"错误的隐含参数":强大而有活力的民主政体在外交政策积极性方面是普遍成功的;战败是公民精神衰败的一个迹象。(2)修昔底德对伯罗奔尼撒战争隐含的解释立场是,雅典很可能是因为伯利克里之后的民主政治文化出现功能失调而衰退失败。修昔底德的读者被引到这样一个结论上,即便修昔底德的叙事中断于公元前411年,雅典也肯定已经彻底毁于失败。"错误的隐含参数":历史就是一通废话。修昔底德作为一个优秀的理论家是不错的,而随后的雅典历史则是不相干的。(3)那些有心去阅读公元前4世纪演说辞的人(与修昔底德的读者群比,这属于小众)发现,演说家德摩斯梯尼频繁地把自己的时代特别说成是比民主历史的辉煌时期更低劣的时代。(4)就在前5世纪末和前4世纪初,雅典人把法律编成了系统的法典,推出了新的立法手段,立法主体是大型的、抽签产生的"立法者"委员会。此时,公民大会通过的法律有别于法令,法令不可否定现行法律。"错误的隐含参数":当雅典从"人民主权"向"法律主权"发展时,激进民主制的锋芒让位于保守主义,或至少让位于"自我节制"。

对于论点(1)和(2),至少我已叙述了其特征,基本毋须答复;我敢保证今天没有几个历史学家或理论家愿意以争辩去支持把民主文化直接与军事胜利挂钩的做法,或者愿意把军事失败解释为腐朽的政治文化。雅典被马其顿击败是值得思考的事件,但是必须从马其顿的发展,从涉及雅典国防策略的错误而又民主的决策中去寻找解释。修昔底德关于衰落与崩坏的分析根本就无法解释公元前403年的民主复兴,或者解释此后民主制的强大与稳定。论点(3)未能解释一般情况下希腊文化中的黄金时代经久不衰的魅力;虽然在《伊利亚特》中,内斯特(Nestor)抱怨"当今的"战士已达不到昔日的水准,赫斯奥德(Hesiod)在《工作与时日》中的著名描述将自己所处的时代形容为堕落的"黑铁时代"。德摩斯梯尼的听众把他的厚古薄今之词严格地看作参考比较,看作劝告性质的言语行为:不是对普遍承认的现实毫无疑问的描述,而是对公民提出挑战,希望他们不要辜负先辈的成就与民主原则。论点(4)更为复杂;这个问题近来被讲得很清晰,也很具体。有些涉及在雅典历史中运用主权术语的问题已讨论过。简单地说,西方传统的主权概念弄得很复杂,其语境为合法的一元君主制,而后又有"权力平衡说",这种概念运用到民主城邦的历史经验中会有高度的误导性,因为城邦并未从一个中央化的君主国家演变而来。有些政治理论家对前4世纪雅典怀有的鄙视似乎是对任何形式的政治稳定深恶痛绝的结果,也似乎是对"激进民主时刻"的强烈依恋,这种同样强烈的依恋正是美国政治激进主义在1963—1974年左右的特色。有些研究工作聚焦于从稍纵即逝的革命时刻获得的各种领悟,我绝对无意贬低抹黑这些研究工作。但是,有这样一种可能性,产生于革命时期的一种有活力的民主文化随后会续存一段相当长的时期,并充当一种复杂国家政府的基础结构。我认为,这种可能性如果被当作一种先决条件加以拒绝,那么民主理论事业作为一个整体势必受到削弱。把稳定性很负面地看作一种革命能量的耗散性衰退等于是拒绝承认民主稳定性可以透过动态的紧张关系来实现。的确,在雅典,贵族价值和平民意识形态之间永远难解的紧张关系,以及表面看起来矛盾而实则根深蒂固的政治价值之间的紧张关系(如言论自由与集体共识),都存在于民主制度的核心部分。这些紧张关系和矛盾难以解决的状态触发了批判性的政治思想,帮助实现制度性的(在更有限的程度上)和意识形态的不断调整,而这正是雅典民主文化的特征——这一直都让保守的批评家深感失望。这种动态的紧张关系是通过全体公民不断的公共活动来谈判和维持的,而全体公民都愿意维持、捍卫并不断地修正一种鲜活的民主文化,也原意容忍"批评家的陪伴"——如修昔底德、柏拉图和亚里士多德——而这本属于完全相同的文化。

公元前5—前4世纪的雅典为一种既有活力又稳定的民主文化提供了记载特别详细的历史案例,在这种文化中,一个大型且具有社会多样性的公民整体直接统治一个复杂的社会,而该社会对于"面对面的"个人互动政治而言又太过庞大。那些不愿承认古典时代雅典的民主现实的人需要解释一大堆同时代的证据,那些证据都前后一致地肯定了这种现实。至少,直至找到一个直接民主的复杂社会的更佳历史案例之前,雅典的案例都值得政治思想家非常认真地对待,这些思想家有些一直对"铁的法则"持怀疑态度,有些则对可能的、同时也是可以想象的历史,还有标准的理想都感兴趣。

# 第九篇　神话的创造

阿琳·W·萨克森豪斯

"平民掌权的暴政":这就是梭伦创建的民主政体——或者说,这是18世纪历史学家威廉·米特福德的说法(1838,4,10)。"伯利克里时代的雅典人以其理性而世俗的方式,以及对宪政、共和和民主的公共生活中的政治自由和人身自由的承诺,与我们时代的价值靠得更近,自古以来,任何文化都无出其右,这就是伯利克里的雅典对我们具有强大意义的原因所在"(Kagan 1991,10)。此言出自一位当代著名的古代雅典学者。作为首个民主制政体的雅典,一直以来象征着危险、光荣、暴民统治的威胁、个人自由、贪婪的混乱以及效忠城邦的美德。雅典作为一个象征,在各种现代意识形态里扮演了丰富的角色,但是,这往往意味着有些层面未受到足够的关注,这些层面包括古代雅典思想家理解民主制的方式,民主制对身体力行者提出的挑战以及民主制让人们必须面对的理论问题。古代民主制在其最后的300年中经历了实用和滥用的实践。我在后面章节要讨论的那些生活在这种民主制里的古代雅典作者们,既无必要运用,也无必要滥用这种民主制,而是需要理解并试图解决其中的原则问题。

# (一)

英国17世纪著名哲学家托马斯·霍布斯(Thomas Hobbes)在其学术生涯早期翻译过修昔底德的作品。在译作序言评论中，霍布斯毫不隐瞒他对公元前5世纪民主政体的厌恶。用霍布斯的话说，修昔底德完全够资格成为一个大蛊惑家，而且可以对人民拥有很大的权威。但他似乎全然无意介入政府：因为在那个时代，任何人若要给城邦国家提出良言忠告，而又不得罪人民，那是办不到的。因为舆论的压力实在太大，又容易付诸行动，提意见的这些人只能影响议事会，并被尊为城邦德高望重的智者，这就把他们送上了一条危险而义无反顾的事业之路，而给出温和审慎忠告的人则被视为懦夫(1975,12—13)。

霍布斯对修昔底德作品的分析未受到对民主制感情用事的影响，他如此评论修昔底德："很明显，就城邦国统治的看法而言，他最不喜欢民主制"，然后又加了几句话："当雅典政府融合了少数人和多数人时，他表示赞赏；但是，他更加赞扬的既有庇西特拉图的统治，（除去他篡权这一点以外），也有这场战争初期名义存在的民主制，而事实上是伯利克里的独断统治"(1975,13—14)。对于霍布斯，修昔底德对民主制的敌意是值得他进行翻译工作的部分原因。

在实际翻译中，当霍布斯处理著名的葬礼演说时，他用了以下文字将修昔底德的希腊文变成英文："我们的政府形式不是模仿邻邦的法律而来；(不是的，我们才是别人的榜样，而不是别人做我们的榜样)；因为管理权不归少数人，而归多数人，这就叫民主制"(1975,131—132)。自从霍布斯1628年的译文问世后，英格兰和亚美利加出现了许多译文版本。当今使用最多的是雷克斯·华纳(Rex Warner)的企鹅出版社编辑版。以上引用的霍布斯对伯利克里葬礼演说的片段在华纳译本里如下:"我可以这样说,我们的政府体制不是来自对我们邻国的抄袭。与其说我们模仿他人,毋宁说我们是他人的楷模。我们的政制叫民主制,因为权力没有落入少数人手中,而是由全体人民掌握"(修昔底德,1954,117)。当代学生们代代都读华纳的译本长大成人,但是我们应该注意两个译本的差异:一个译者是明显反对民主制的霍布斯,另一个译者华纳则是同情民主制的。前者霍布斯才更精确。修昔底德呈现的伯利克里演说词没有任何地方说民主制必须要让"全体人民"掌权。其实是像霍布斯翻译的那样,"管理权不归少数人,而归多数人"。

然而,华纳的误译说明围绕我们对雅典民主制理解的一片混乱,这一点都不足为奇,因为虽然"民主"这个词有其情感的和规范性的力量,但在今日却不享有精确且普遍接受的定义。当我们现在指责某些国家和某些领导人,说他们反民主,表扬其他人,说他们正在变得民主时,赞同、参与、平等、权利、自由、自决和自治等所有这些概念与我们对民主的理解含混地搅合在一起。对于我们这个世界和古代世界来说,这里不是一个可以给民主加以清晰界定的地方,但是华纳的误译提醒了我们,让我们意识到把自己对民主制度的期望强加到古代雅典人身上的问题,我们的期望具体而言就是把人民的意志转化为公共政策时要有参与性。这样做可能给了我们关于民主政体种种可能性的错误期望,而自霍布斯的翻译开始就深入人心的古代民主浪漫观(不过现在已经受到一些当代史家的质疑)一直在妨碍我们深刻理解这种政体的能力。

## (二)

随着社会科学方法和语言注入古代史和考古学研究,学者们对古代民主制度的研究在过去 10 年里经历了重大的复兴(Ober 1989;Manville 1990;Strauss 1989);为了精确计算民主制在雅典如何运作，仔细的丈量和碑文都无所不用。研究古典世界的历史学家们不再简单地满足于像《雅典政制》中出现的雅典制度描述，其语言令人联想到几十年前政治学的行为革命，他们现在要追问的是谁出席公民大会，谁坐满了法庭，有多少公民实际参与这样的问题。他们还要追问，可以通过法令的公民大会较之于对提案人进行判决的陪审员到底有多重要。康纳（W. R. Connor）声称："我们必须走出宪政史，去研究个体如何团结在一起影响城邦政策（1971,5）。"这些学者们现在写的都是关于大众与精英、中心与边缘、地方主义和参与热情的缺失。

有一部关于雅典民主的经典著作，书名干脆就叫《雅典民主制》，1957 年出版，1964 年再版，为古典学者琼斯（A. H. M. Jones）所著。琼斯声称："雅典民主制给人的第一印象是一套为表达和落实人民意志而设计的完美机制"（[1957]1964,3）。顺着类似的思路，马克思主义学者克鲁瓦（G. E. M. Ste Croix）流露出这样的观点："就全体公民多数票表决政治决策的根本意义而言，许多古典学学者甚至都未意识到希腊民主制不同凡响的独创性早于我们所知的任何社会出现。"（1981,284）。虽然近年来史家们一直争相质疑雅典民主制政治生活的玫瑰色画风，据琼斯所言，那个社会可能既无奴隶，又无帝国存在，但是讨论仍然在进行，主要围绕的问题是关于"拥有最高权力的人民意志"，以及雅典政治机器是否能将这种"意志"转化为现实。于是，我们在当代史家的著述中看到汉森（M. H. Hansen）那孜孜不倦的精细之作，他测算了一个成年男性的座位空间，再算出到底有多少雅典人能在某个时间出席公民大会，从而算出普尼克斯山（the Pnyx）的座位容量；他的结论是，在前 5 世纪出席公民大会的人数不超过潜在投票人数的七分之一，在前 4 世纪最多在三分之一与四分之一之间；而这已经是上限了（1983,16—17）。克鲁瓦所说的"全体公民多数票"可能是一项无法实现的目标。汉森并不是唯一质疑公民大会参会人数的学者。例如,辛克莱(R. K. Sinclair)就认为会议出席者若都能同时坐进普尼克斯山会场,则根本达不到 6000 人左右,特别是公元前 4 世纪提高了公民大会参会津贴,"说明公民大会要获得支持已经出现了持续的困难"(1988,119)。另外一名学者卡特(L. B. Carter)最近也得出这样的结论:"雅典人从未见过全体公民到场的大会,不过",他又声明,在我看来,这多少令人称奇,"根据这种情况,民主的理念本身就被预言了"。他把现代代议制的理念倒回去输入给古雅典,争辩道:"雅典人肯定从一开始就接受了任何公民大会注定是全体公民的一次抽样——甚至还不是随机抽样"(1986,193)。

其他历史学家一直对多少人参加出席大会不太感兴趣,而对他们是什么人更感兴趣:是否如卡特在书中暗示的那样,出席者是穷人而非富人?富人是否退出政治生活,任由非富有的人统治;还是说,有足够资源把空闲时间花在公民大会上的富人真的很投入?或者,如乔赛亚·奥伯(Josiah Ober)力图证明的那样(1989a,134—135),真相是否是富人不可能占优势,因为其所占的人口比例很小?近来,历史学家们争论很激烈的问题是,公民大会是否包含,或用现代语言"代表"了全体公民的所有成分。一旦公民聚在一起(不管他们是公民人口的多少比例),谁发言?谁每年提出多达 400 项议案?汉森进一步追问,他有理由应该这么追问——如我们都应该这样追问一样——表决投票是如何具体清点的。没有计算机投票,有 6000 人坐在公民大会会场,你该如何清点一次双方票数差距很小的投票?希腊文献中提到过举手表决,但是,谁来点票?其他一些人,比如拉菲尔·西利(Raphael Sealey,1987)和马丁·奥斯特瓦尔德(Martin Ostwald,1986)一直试图挽救雅典的荣誉,他们的办法是把雅典从民主制转化为靠法庭和法律统治的共和制统治,毕竟民主制顾名思义就是混乱的公民大会统治。

我所关心的是,所有这些历史分析,在以新英格兰乡镇会议的方式或"面对面"社会的方式(Finley 1973,17)对雅典"直接民主"的想象提出重要问题的时候,仍然会把我们那些显露于19世纪并延伸至20世纪的民主概念带入对古代民主的研究之中。于是,学者们正在追问人民到底有多大的权力?他们在何种程度上参与或不参与?他们能获得足够的信息吗?投票者有代表性吗?如何清点选票?对公民大会而言,法庭起刹车的作用还是只能听命服从?这些问题仿佛是雅典人向自己的政治体制所提出的。我们生活在20世纪民主国家里,几乎每天眼见新的民主国家不断产生,经常以某种假设来开始对雅典民主制的分析,这种假设就是"一个民族"的"意志"必须透过公民大会的群众参与转化为公共政策,而其中的参与性问题又是我们关注的核心。关于这种民主观,我认为得感谢卢梭,他在极力保护平等和自由的同时赋予现代话语以政治语境的普遍意志的语言。卢梭确实对我们在古代民主的理解方面有举足轻重的影响——从前面对琼斯(A. H. M. Jones)的一段引用文字就可以看出——但是,在古人生活的时代,关于意志和人民主权的概念还没有成为政治话语的流通币。那可不是古人描述关涉其政治原则的政体或思想所使用的语言。

## (三)

今天,我们研究古代民主制的时候,饱受困扰,因为我们缺乏可以合理地称为民主理论家的雅典作者。雅典理论界根本找不到卢梭、杰弗逊和穆勒。我们可以在戏剧中发现对民主的溢美之词,也尽是一些东鳞西爪的偶尔涉及,都没有完善的辩解或解释。比如,在埃斯库罗斯的《波斯人》中,波斯王后问波斯人上战场去厮杀的敌国人民是谁作他们的牧羊人。合唱队的回答是一句经常引用的话:"他们不被叫作任何人的奴隶,不听命于任何人"(142—142)。在埃斯库罗斯的《祈愿人》中,阿尔戈斯国王自称是必须听取自己国民意见的人。对前来阿尔戈斯寻求庇护的恳求者,他说:"不要把我当场裁判人。我说过,必须有人民答应,我才会做这种事"(397—399)。或者,在欧里庇得斯的《祈援人》中,忒修斯(Theseus)讲到已经让有"平等投票权"的城邦获得自由(353),并在他游走于城邦的群众(无公民权的自由民)中时,需要规劝他们(355)。在答复底比斯传令官要求呼唤城邦"僭主"时,他说,传令官的问题提得不对,因为"城邦是自由的",没有单独一个人的统治;人民轮番统治,且不论贫富(400—409)。为了进一步辩护,他指出富人和弱势群体都享有平等的司法权益(430—440)。希蒙(Haemon)在索福克勒斯的《安提戈涅》中,不太有说服力地敦促父亲克瑞翁(Creon)要倾听城邦人民的言论,而克瑞翁愤怒地回应:"你是说城邦必须吩咐我该如何统治吗?"(734)。除了欧里彼得斯的忒修斯演说词外,那些话绝大部分都是不至于让我们深究民主制理论基础的俏皮短语,而忒修斯的争辩焦点主要是僭主统治的独断专行,但对于平等参与的原则并未作出辩护。

  普罗泰哥拉在柏拉图《对话录》中的对话言论或许是我们对来自雅典的民主制度辩护的最能相传于世的话语,但是,这通言论被放进一篇对话里,普罗泰戈拉作为平等的民主原则解释者看起来就像一个狂妄自大的傻瓜。然而,普罗泰戈拉对民主制的辩护却很重要,而且无疑是在亚里士多德之前理论上最精致的辩护。

  普罗泰戈拉的辩论以伊比米修斯(Epimetheus)(马后炮)的故事开始,他缺乏其兄普罗米修斯(Prometheus)的先见之明。伊比米修斯被宙斯派去给每个物种分配合适的能力,在轮到人类时,所有的能力,如坚韧的皮肤、蹄子、速度等都已经分配完毕。伊比米修斯必须求助其兄普罗米修斯,后者给了人类火,又求助宙斯,宙斯给了人类生活在城市里的两种技能:正义感和羞耻感。这两种技能不同于吹笛或建筑,人人都平等有份。于是,普罗泰戈拉宣称:"雅典人和其他人……只要他们聚在一起寻求意见……就会适当倾听每个人的意见,因为美德这个东西适合人人参与,否则就不会有城邦"(322d—323a)。由于众人都共同拥有美德,城邦才得以存在,众人都平等参与城邦政策的审议。民主制存在于城邦对每个人的正义感和羞耻感的依赖之中,这种正义感和羞耻感每个人都同样有。当然,苏格拉底必须插话追问这种政治生活必备的美德到底是什么,以及这是一种还是多种美德——最终,他还是让普罗泰戈拉承认了这种美德必定是知识,而知识必须经过教导得来,并非天生属于我们或是来自宙斯的礼物;最终,也不是所有人都平等地参与民主政体。关于平等与民主,《普罗泰戈拉篇》就讲了这么多。

因此,即便是在为民主辩护最完善的阐述中,而非戏剧家的劝诫或对民众做主的单纯自豪中,我们也能发现其中有所保留,思想导向返回智者领导制,而非全民政治表演。文献资料对于150年到200年的雅典民主制最多也就展现了对允许多数人按自身利益治国的政制价值摇摆不定的态度。然而,至少就最后150年而言,古代民主(或许因为我们对此所知甚少)已然成为一种屏障,其背后往往是我们自己塞进去的价值观。这种民主制已经成为一种标杆,激发对民主国家的热爱,并以此来鞭挞现代个体主义的自由社会,因为在这种社会里,我们各自聚焦于私人生活而彼此隔绝;这种民主制还对维持现代社会的社会科学提出了种种质疑。

我读研究生时被指定阅读的首批书目里就有科林伍德(R. G. Collingwood)的《自传》(An Autobiography)。鉴于课程是政治思想史,却要求读一个20世纪早期的英国理想主义者的自传,我感到费解。不足为奇,在一个刚拿到文科学士学位的人看来,奇怪之举自有其道理,而这项功课从此以后为我提供了指引,其中对我而言最重要的段落,也是我常引用的段落,就是科林伍德描写他在伦敦阿尔伯特纪念亭面前的思想碰撞。容我在此不厌其烦地援引:

## 第九篇 神话的创造

　　大战爆发前的一两年,我住在伦敦,在海军情报部的一个部门工作,就在皇家地理学会的房间办公。我每天要步行穿越肯辛顿花园,经过阿尔伯特纪念亭。这个纪念亭开始逐渐让我难以摆脱……它的每一部分都明显的奇形怪状,腐朽,恶心,有害;对我来说,不堪直视;从这种无力反抗的状态恢复过来时,我才强迫自己正视那个日复一日困惑我的问题:这东西糟糕到如此昭彰,如此无可争辩,如此站不住脚的地步,司科特竟然把它做出来,究竟是为什么?……我开始问自己,他的所为和他企图所为之间到底是什么关系?他可曾企图造出一件美丽的作品?……倘若如此,他无疑失败了。可是,他或许曾力图造出不同的东西?……若是我发现纪念亭十分可憎,那或许是我的问题?我是否是在纪念亭中找寻它不具备的特质,而对其具备的特征要么视而不见,要么瞧不上眼?(1929—1930)

　　另一方面,希腊世界的丑陋几乎不会刺激到我们,我们可能要为此感到不安,一如科林伍德面对阿尔伯特纪念亭那样,因为我们在"找寻其不具备的特质,而对其具备的特征,要么视而不见,要么瞧不上眼?"

　　在本章后面的内容中,且容我详述那些从古代民主制中"找寻其不具备的特质"的人如何变成神话创造者,他们以那种政体为标杆,要么进行模仿,要么加以责难。这些人是作家、学者、哲学家、政客、专家,他们对何为古代民主无论是过去或现在可能都不感兴趣,他们感兴趣的只是如何利用古代民主来达到其浮夸和劝诫的目的。我下面要讨论的神话制造者来自过去大概 300 年的英格兰和美洲;古代史家和哲人关于雅典民主总结了各种教训,而我相信,神话制造者们出于对古雅典人的崇拜或厌恶,对我们评估那些教训的能力制造了障碍。古代民主已化作民众想象的一部分,神话制造者们在其中发挥了深刻影响。下文关注的古代史家和哲人引领我们超越古雅典人的民主实践,超越全体人民掌权的简单看法,在更深刻的意义上探究民主所造成的后果、利弊,尤其是其内在的矛盾。他们避免了关于古代民主制的各种统一连贯模式,利用民主制的多面性来迫使我们探索一些隐藏的臆断,而那些臆断则成了我们可能视为民主的多数政体的特征。

## (四)

在铁锈带的中心密西根州西南部,有一个名叫伊普西兰蒂(Ypsilanti)的小城。该城是1823年由本杰明·伍德鲁夫(Benjamin Woodruff)和来自俄亥俄州的移民建立的商栈,伊普西兰蒂最初叫作沃特维尔(Waterville),这个名字毫无创意。然而,1833年,居民同意将其更名为伊普西兰蒂,以纪念在希腊解放战争中领导希腊军队抗击土耳其人的德米特里厄斯·伊普西兰蒂(Demetrius Ypsilanti)将军。当时那个沃特维尔的居民与希腊并没有特别的联系;所以并非到处都是怀念故乡的希腊移民。人们都刚从俄亥俄州过来。然而,该城的居民都渴望提醒自己那种推翻暴君建立自治政治模式的希腊精神。在19世纪中叶,出于怀念古雅典的民主政体和民主精神的缘由而命名或更名一个城市,伊普西兰蒂很难说是孤例。基于同样的理由,多利安式圆柱使许多美国门廊和银行门面生辉。罗马共和国以其德性领袖和反君主制原则的贵族模式,支配了亚美利加共和国的早期思维,但是,对于古代雅典更加民主、更具参与性的想象早在19世纪20年代就开始编织进美国人的政治意识中。

我们切勿忘记,直至在法国大革命,"民主"这个词才从一个充满负面含义的术语变成一个褒义词。即便那些我们今天可能会称为民主理论家的人,如卢梭,也认为民主政体(他想象的是直接民主)既不可取,也不可行。民主只有在诸神之间才可能实现。在我们自己立国之初,汉密尔顿(Alexander Hamilton)在《联邦党人·第九篇》提出警告:"希腊和意大利的那些小共和国不断地被搅得令人心烦意乱,急遽的革命一波接一波,永远处于暴君专制和无政府的两极之间无休止的摇摆震荡中。阅读那些小共和国的历史总是让人无法避免恐怖和厌恶的感觉。"帕默尔(R. R. Palmer)在18世纪末关于"民主"一词使用的经典文章中指出,甚至"民主派"这个词也是直到1784年才在英格兰或法国出现,并进而推测认为是保守派使用了该词来抹黑其反对派。正是帕默尔才注意到伯克把"彻底民主制"指为"世界上最可耻的事物"。帕默尔补充到,当"民主派"的确听起来没有贬义暗示时,"它依然总的来说是一个冷漠甚至是认知性的词"(1953,212)。

在18世纪的美国,"民主"这个词在潘恩(Thomas Paine)的著述中颇受欢迎,潘恩比《联邦党人文集》的作者们要激进得多。尽管麦迪逊和汉密尔顿对古代暴民动乱提出警告,但潘恩还是赞扬雅典人所实施的民主制:

> 虽然古代政府向我们展示了一幅人类的悲惨画面,但是,有一幅画面尤其与众不同。我指的是雅典人的民主制。在历史所提供的资料中,对于那个伟大卓绝的民族,我们发现其值得景仰之处多于值得谴责之处(1989,167)。

根据潘恩的看法,雅典民主制之所以如此可贵是因为其不再基于继承制原则,他说:"王位相传是不把人当成理性的人,而是当成动物"(1989,163)。古代民主模式构成的唯一问题是其规模,而这个问题通过代议制容易解决。虽然汉密尔顿和麦迪逊发现代议制有控制派系之争的机制,"让民意通过选举出来的公民团体得到提炼和扩大"(《联邦党人·第十篇》),换句话说,就是对古代民主关于民主幻想的驯化机制,但潘恩看待代议制仅仅考虑到让民主的亚美利加扩大规模的问题。"如果说雅典是迷你版,那么亚美利加就是巨无霸。一个是古代世界的奇迹,另一个则正在成为当今的崇拜对象和典范"(1989,170)。

然而,潘恩对雅典民主制的崇拜并没有被其他人跟风;主导政治语言和意向的是罗马共和国。例如,托马斯·戈顿(Thomas Gordon)就力主罗马共和国作为"我们的标杆和榜样……范例"(引自 Reinhold,1984,96);约翰·亚当斯(John Adams)忽略了罗马和雅典的深刻差异,把雅典变成一种"共和制政权",同罗马一起,"为人类增光,非其他民族所能企及"(引自 Reinhold,1984,97)。"要不然,新兴国家的领导人如果不把目光转向罗马共和国,则是转向斯巴达,而不是雅典,雅典值得怀疑,因为其有动荡的历史,直接民主制、党派之争和蛊惑人心的政客"(引自 Reinhold 1984,97)。斯巴达以其自由、德性和长久的政体而受到歌颂。雅典的民主制度并非模仿对象。帕默尔坚持认为1800年之后,"民主"的提法"从美国的流行用法中消失……直到民主党诞生才重新流行"(1953,225)。

19世纪20年代,以安德鲁·杰克逊(Andrew Jackson)为掌门人的新的民主党出现时,选择这个名称作为党名是否与怀念古雅典的愿望有一定关系,我一直都无法确定,但是19世纪20年代的那10年里,美国人开始从罗马转向希腊,以雅典民主,而非斯巴达纪律为楷模。19世纪20年代初的希腊革命,即让密歇根州的沃特维尔更名为伊普西兰蒂的那场革命,唤起了一种情感反应,将古希腊历史和雅典民主置于美国意识的中心。无数学者都写过蔓延全美的"希腊热"。希腊文取代了拉丁文的古典语言地位,哈佛大学校长、麻省参议院和国务卿爱德华·埃弗雷特(Edward Everett)以其卓越的演说技巧闻名,而他的功底就是让听众追怀希腊文化之美。

1822年和1823年,希腊造反者透过亲希腊人士呼吁美国人民提供帮助,我们发现本地团体支持造反,募集资金帮助希腊人从土耳其人的专制中争取自由,因为当时的美国人把雅典视为美国民主的发源地。

以伟大的演讲家丹尼尔·韦伯斯特(Daniel Webster)为例,他请求国会同意总统在任何时候只要认为有必要,可"派一名代理或专员去希腊"(1903,5:60)。韦伯斯特支持该议案的声明唤起了对雅典民主兴起的所有热情:

> 有一个机缘,引发对一个地方的关注,此地即希腊这般如此卓越不凡、如此与有趣的回忆相关联的地方,这个机缘可能自然而然催生温暖与热情。然而,在严肃的政治讨论中,有必要对这种情感严加责罚。本人也会尽量正确地抑制这种情感。

当然,作为一个演说家,他是办不到的。他继续说道:

> 真的,假如我们能让自己完全置身于古希腊所传递的历史遗产影响之外,就必须飞越文明世界;必须越过法律的领域和知识的边界……那种自由的政府,那种公民大会,那种为共同利益召开的议事会——我们还能在哪里找到其原型?那种自由辩论和公共讨论,不同思想的争鸣,那种大众喜闻乐见的雄辩……足以撼动国会大厦的基石,他们的语言就是最先呈现以上这些事物的语言?甚至是我们聚会的大厦,这些比例相称的石柱……都在提醒我们希腊的存在,而我们同人类的其他成员一样,都领受了她的恩惠(1903,5:61)。

再也看不到像在《联邦党人文集》或霍布斯的描述中那样旨在恐

吓、勾起混乱画面的古雅典人民政权。相反,古雅典已经变成了令人称奇的人民政府和理性交流思想的模范。

与此同时,即19世纪20年代在英格兰,哲学激进派正在力争扩大选举权,试图利用古代民主把英格兰推向更加民主的体制,这个举动是要英格兰重新捕获雅典民主所释放的文化光芒。在此之前,斯巴达以其严厉的纪律和勇武精神为英国人提供了合适的典范。18世纪英国人写的希腊历史强调雅典民主政体的恐怖,而赞扬斯巴达。用坦普尔·斯塔尼安(Temple Stanyan)在《希腊史》(1751年)的话来说,在莱库古所立的斯巴达法律中,"城邦的每个成员除了一心奉公之外,别无杂念……他们为了精神自由,牺牲一切享乐……国王们自视高贵是因为他们服从这种价值,他们让自己卓尔不群也仅仅是因为他们更加严格地服从这种价值"(1751,1:94)。斯塔尼安抱怨"巡视员"检查行政官和人民的行为,认为这是斯巴达的没落的原因(1751,1:94):

> 他们主要是保护人民的自由;于是,人民才从自己的群体中把他们选出来,不看出身富贵,只要勇敢且深孚众望就足以满足要求……不管他们的权力一开始是何等有节制,但随着时间的推移,已经如此扩大,以至于最重要的事务都经过他们之手……如此一来,他们似乎已建立了某种专制,构成的威胁比他们原来计划要纠正的混乱更加严重。

按斯塔尼安的说法,雅典甚至在更早期就遭受了民主政府之害。在公元前6世纪驱逐僭主希庇亚斯之后,"人民把政府很大一部分权力夺回自己手中:以至于国政仍由乱哄哄的派系之争摆布;虽能摆脱大乱,但比国王统治下人们抱怨的乱局要严重得多"(1751,1:202)在其第二卷前言中,斯塔尼安注意到"如此多的国家认希腊为他们共同的母亲,这对希腊是多大的荣誉",但根据斯塔尼安的观点,那些国家模仿古人的政治架构时,并非总能做得好。"斯巴达国王的权力被过度制约",而"雅典人民的权力又过大"。斯塔尼安得出结论,认为英国君主制政体不仅优于所有欧洲政体,也优于所有古代政体。他为自己的离题道歉,"但是论及希腊政制及那些与此嫁接的政制时,作为一个英国人,我无法抵制偏爱英国的诱惑"(1751,2:前言)。

约翰·吉利斯(John Gillies)在他的《古希腊及其殖民地和征服的历史》(1786年)献给国王的寄语中说:"希腊历史揭露了民主制的危险动荡,又带出了僭主的专制,通过对各种形式共和政策内在痼疾的描述,该书指出,世袭国王的合法统治权与井然有序的君主制的稳定运作,即使对自由本身而言,也具有无可估量的裨益"(1831,iii)。吉利斯评论伯里克利早年退出公民大会时说:"伯里克利的卓越才智在一个管理有序的政府治下本来可以扩大他的影响,却几乎在动乱而可疑的民主制中差点给他惹来灭顶之灾"(1831,160)。

根据弗兰克·特纳(Frank Turner)的看法,威廉·米特福德(William Mitford)是他那个时代关于古代政体研究被阅读最广的有影响的史家。他的历史讲述了雅典民主政体对稳定、自由而合法的政体所构成的严重威胁。我可以读到的1838年版本收入了其兄写的"作者简介",我们从其中获知米特福德的希腊史研究"使他确信最佳政体的希腊城邦政府形式,同时也往往是年青人礼赞的主题,均不适用于英伦诸岛,因为后者国土广袤,居民自由"。于是,他的工作就是对不同的希腊城邦采用的政制所衍生的祸害提出警告。在米特福德的整个文本中,他都把雅典民主称为"暴民统治"(1838,1:253),"那种动乱形式的统治"(1838,4:33),"人民掌权的专制"(1838,4:10),并援引亚里士多德,"绝对民主就是专制"(1838,4:33)。他发现土耳其专制和希腊民主之间有渊源特征(1838,4:20),并指出"在希腊民主制下和土耳其专制拥有财富都是危险的事情"(1838,4:28)。英国体制固有的自由并非来自古典的雅典民主遗产,根据米特福德的观点,那种自由"衍生于日耳曼森林"并且"在最野蛮德时代,经由阿尔佛雷德大帝安排而成"(1838,1:364)。

1846年,穆勒(John Stuart Mill)在评论乔治·格罗特(George Grote)(他很快又写了更多东西)写的新希腊史时,以这样的方式回应了米特福德对雅典的敌视:

> 米特福德的叙述落笔成书都是在反雅各宾狂热巅峰时期,当时对任何带有貌似民主制度之名的事物都抱有极大的偏见,这种偏见使米特福德的叙述打了折扣,使他对希腊现象的呈现不仅虚假,而且有许多具体细节都与事实相反。雅典制度和伟大的雅典人民遭到刻意贬低,不仅把他们没犯的过错算在他们头上,还把那些时间的丰碑共同力证他们特别能够规避的过错也算在了他们头上,而雅典人民对人类的恩惠胜过任何其他人类组织(1846,867—868)。

相比之下,穆勒对格罗特更为同情的著述不惜溢美之词(1846,1869),但是,在格罗特著述之前,是米特福德生活的19世纪20—30年代的社会才"拥有教育领域,以及大学和家庭的圈子"(Bain 1873,12)。特纳留意到,"米特福德的书直接容纳了那些反法国革命的小册子的内容"(1981,204)。

乔治·格罗特的史论与米特福德的史论正好相法,受到穆勒的赞赏,因为格罗特是詹姆斯·穆勒的"忠实门徒"(Hamburger 1965,8)。

# 第十篇　雅典帝国和其他帝国一样吗？

克里斯朵夫·贝巴特

雅典帝国比其他历史事物更需要"对过去概念的使用实行控制"，换句话说，就是和历史的心理保持距离，这就在于需要用希腊人自己的词汇来思考希腊人(参照 2005 年 Loraux 的思考)。"帝国"是应用在后来罗马统治的词语，所以这是一个非常好的"指代的时代认为没有经历过所指代概念"的范例(Loraux, 2005, 128)。如同亚科琳娜·德·罗密(Jaqueline de Romilly)指出的，"希腊语不存在'帝国主义'这个词，只有一个表示统治这一事实或被统治的全体人民的词，就是"archè"。① 但是，帝国主义对希腊人来说是一个明确的概念，尤其是雅典帝国主义(Romilly, 1947, 19)。这一评判让我们能正确对待伴随着雅典 archè 研究的概念争论，也使我们能够回答在让·杜拉赫(Jean Tulard)主编的书中，莫里斯·杜威日(Maurice Duverger)和让·弗朗索瓦·斯里奈力(Jean-François Sirinelli)的《从罗马到柏林的西方帝国：为什么要用对其人民来说并不存在的制度来定义这些帝国，比如希腊？》一文所提出的问题(Duverger, 1997, 3)。

---

① 译注：文中 archè 没有翻译，因为尚未有对应的中文词汇。按照文中观点，该词可以被定义为帝国以及帝国主义化的过程，帝国对应的是 empire，作者认为这一帝国概念是雅典时代所没有经历过的概念。

因为概念的时代错误,雅典统治的帝国以及帝国主义特性从属于政治学和帝国历史,并涉及到概念的建设,但未讲述 archè 的性质。如同芬利(Moses Finley)幽默地指出:"当雅典的战士和海军遇见梅里人(Melien),梅里人被告知自己即将成为霸权诡计而不是帝国诡计的牺牲品,这是一个很小的安慰"(Finley,1984,60)。求助于这一时代错误的概念没有其他问题,但是有定义的问题,除非像爱德华·威尔(Edouward Will)指出的,必须时刻记住帝国和帝国主义"是从另一个世界来的词语和看法",它们并不能把后世的现实带到公元前 5 世纪(Will,1989,172)。这是方法论意义上的谨慎,我们只需遵循马克·布洛什(Marc Bloche)的评论,他认为资料的术语能够让我们定下我们的术语,就是在承认他们给我们带来了现成的分析(《历史的辩解》,巴黎,1974,135)。

然而,我们不能忽略过去的人定义雅典统治及其历史的词语。根据修昔底德的记载,在公元 478 年,一个军事联盟(symmachia)被创建起来,这就承认了雅典的霸主地位,"最初这是自治的盟军间的盟主权,他们被邀请来参加一些共同的会议"(Thc.,1.97.1)。随后,逐渐地,"盟主权不像之前那样得到所有人拥护了"(Thc.,1.99.2)。在爱德华·威尔看来,当"统治城邦尝试着超越盟约条文中原先规定的盟主联盟城邦(symmakhoi)之间的关系,当其行使权力更多是为了自身利益而不是共同的利益,其行为就很可能是违背联盟城邦意愿的"(Will,1989,172;Romilly,1947,190)。从这个角度来说,archè 可以被定义为帝国以及帝国主义化的过程。必要时,当涉及到指代一些拥有特殊地位的城邦,那些不用进贡、保持自治的盟军,修昔底德会用细微的变化来改变其使用的词汇。当描述米蒂利尼人在 archè 内部的特殊的有利局面时,他会使用一个围绕权力而建立的表达(Thc.3.36.2),这就很能说明问题。因此,修昔底德讲述的故事涉及从盟军到帝国、从军事上的自由联盟到霸权统治。这种渐近的模式主导着今天的历史编纂。鉴于自 19 世纪末以来修昔底德的见证在这一领域占据的地位,争论主要围绕着编年史,即便只是间接地涉及 archè 的性质,也都会成为历史学家们争论的焦点。在思考近年来雅典帝国历史所经历的巨大改变之前,我们需要回顾在什么样的条件下,这一正统观念被人们所接受,从而走进罗塞尔·梅格斯(Russell Meiggs)笔下那不可替代的雅典帝国(The Athenian Empire)。

## 征服雅典帝国历史的碑铭学

19 世纪中,历史学家在德国学者出版的资料基础上发现了碑铭学的报告。然而,逐渐发表的碑文并没有能够描写雅典统治的历史。乔治·格罗特(George Grote)的例子在这方面尤其具有说明意义(Liddel,2009,17—19)。我们将一个两卷本的《希腊史》(1846—1856)归功于他。这位英国历史学家,是银行家的儿子,他本人也是银行家,并曾于 1832 至 1841 年间担任维格(Whig)的议员,他维护公元前 5 世纪的雅典帝国,他并不是第一个这样做的人。格罗特熟读修昔底德,他首先观察到盟军没有完成他们的义务并且放弃了他们的权利,比如,用钱代替了三层桨战船的供给。他随后指出,帝国对各城池提供的抵御波斯的保护有所不同,并赞扬雅典人民想要统一的意愿。即使承认雅典对其臣民缺少一定的尊重,但是他的小结还是积极的。雅典的民主运行对其他城邦的自由是一个保证。格罗特还进行了比较,与英国帝国平行的雅典帝国对雅典人民来说是一个福利。即使是新的碑文、新的材料出现了,这位英国历史学家仍然坚持他关于雅典帝国(archè)的开明观点。对他来说,最重要的是进入希腊人的精神。许多年之后,在芬利关于雅典帝国的总结里,其言论也是差不多的(Moses Finley,1984;Meiggs 1966,98)。

19 世纪发展起来的碑铭学对开明帝国的模式其实是一个猛

烈的打击。另外,自1817年波克(Boeckh)(Staatshaushaltung)的著作问世,他开始了对历史的另一种书写。从19世纪下半叶开始,对碑铭学的发掘和出版增多了。土耳其统治的结束使得人们发现了众多关于雅典卫城的铭文,尤其是联盟城邦名单部分。这方面的首部著作于1835年问世,由希腊考古学家皮他克斯(Pittakys)编写。1842年,亚历山大·朗加维斯(Alexandro Rangavis)用法语出版了117段铭文并进行了深入分析,但没有对格罗特的模式进行修改。直到1869年,在优克勒(U. Koehler)的专著(*Urkunden und UntersuchungenzurGeschichte des delische-attischenBundes*)中,碑铭资料才以决定性的方式对帝国历史的书写作出贡献。他认为,从盟主(hegemonie)到帝国(Herrschaft)的转变应该从公元前460年开始,这是欧律墨冬(Eurymedon)战役的结果。碑铭材料可以让人更好地考量联盟和帝国的规模。他分析了公元前425年的杜皮冬(Thoudippos)法令,并推断出贡金为1200塔兰特。他的观点可以归到对波克的诠释的行列,尤其是他认为伯罗奔尼撒战争中征收了更多的贡金。更概括地说,他认为帝国是一种政治构建,一种结盟,反映了希腊人统一的意愿。这一帝国和德国民粹主义/帝国主义的联系在年轻的维拉莫维茨(Wilamowitz)的著作中更明显。1877年,在庆祝普鲁士国王和德国皇帝的生日会中,他请德国皇帝从雅典的殖民政策中获取借鉴。他称赞雅典人进行的民族统一,从爱奥尼亚人的角度来说是种族统一,还有他们针对蛮荒之地实行的出口贸易政策。在之前的一些年,1873年,阿道夫·柯西霍夫(Adolf Kirchhoff)出版的《阿提卡铭文集》(*Corpus InscirptionumAtticarum*)是致力于帝国、有助于新问题和新研究出现而颁发的雅典法令的集合。在本杰明·乔伊特(Benjamin Jowett)这个修昔底德的译者看来,格罗特的抵制和呈上升趋势的碑铭学的警告对推测是不详的趋势,不应该再让人产生幻想。

## 第十篇 雅典帝国和其他帝国一样吗?

到目前为止,变化是逐渐进行的,格罗特的分析似乎在 19 世纪下半叶甚至是之后在法国仍然吸引着追随者。维克多·迪吕伊(Victor Duruy)的《希腊史》(1851 年,第一版)自 1862 年的版本就包含了对希腊史解读的众多纠正。这位法国历史学家极尽溢美之词来承认自己的借鉴:"作者的博学、其意见的独立性让这本书成为一本卓越的著作,我并不总是认同格罗特先生的观点,但是我非常乐意承认我从他哪里得到的收获"(16, Duruy, 1862, II, n. 1)。毫无疑问,自 1851 年,维克多·迪吕伊就找到了对他在前言里所断言的陈述的肯定:"这一保证海域安全的统治刺激了工业和贸易,播种了幸福并激起了智力活动,这是希腊人最幸福的时刻,人类生活最闪耀的阶段"(Duruy, 1851, IX)。尼古·拉罗合(Nicole Loraux)和皮埃尔·卫达尔-那盖(Pierre Vidal-Naquet)最近强调了古典时代雅典庆典的资产阶级特点(Loraux& Vidal-Naquet, 1990)。然而,似乎……庆典融入雅典帝国,后者的很多地方就都被原谅了。关于碑铭学贡献的第一部法语总结著作来自 1883 年,即保尔·吉拉尔(Paul Guirard)的作品,他分析了关于厄立特里亚(Erythrées)、克洛封(Colophon)、卡尔基斯(Chalcis)的法令,并以此解释雅典人是如何加强并增长其权威的。他的研究对贡品清单的发展也有所贡献。其结论是很审慎的:

> 雅典帝国通过统一尝试给希腊带来更多的力量。它建立在古希腊独立差点失败的国家危难之后,它来自复仇的愿望以及对公共安全的考量,它首先是想要打败波斯人并保卫希腊群岛。(随后,他提到帝国中联盟的发展。)慢慢地,盟军成为臣民,雅典成为神圣的主宰,联盟成为雅典领土的延展。
> 
> 在这一新形式下,就像在旧的形式下那样,联盟继续给希腊带来其要求的服务。它是海域警觉的卫士,它让波斯人远离群岛及其海滨地带,阻止了所有的外来入侵,达成了长久的

和平，还保证了附属城市的物质富饶(……)雅典滥用了其权力，尤其是自民主被一个更温和的制度所接替以来(Guiraud, 1883;Liddel,2009,22—23 夸大了不同点)(更是如此)。

1887—1889年，对于希腊从最衰败的时代到缩减为罗马一个省的这段历史，维克多·迪吕伊在三卷的总结中使用了碑铭学的资料来肯定雅典统治合法性的特点。联盟城邦保证"和雅典保持紧密的团结"，就像在关于厄立特里亚、克洛封、卡尔基斯的法令中所证实的那样。"在雅典用强权限制联盟城邦留在联盟的条件中，它就拥有了合法性"(Duruy,1887—1888,164)。并且，对于迪吕伊来说，萨摩斯岛的反抗可以被看作是雅典功绩的表现。首先，如果没有雅典的坚定，城邦——意思是希腊人——很快就会转入波斯统治之下(逃亡的萨摩斯人会跑到波斯暴君比斯图[Pisuthnes]那儿寻求避难)。其次，这种逃亡没有波及其他人证明了雅典的统治是被接受的。最后，雅典人尊重法律，因为他们限制联盟城邦。

相比之下，暴君的统治似乎更加无法忍受，且持续的时间更短(Grote,1906,vol. 8,257—258)：如果在其帝国特征中……"坚持这些事实是很好的，因为我们对雅典人民很少是公正的，对于这一伟大的民主，有时，它大概是薄情的、暴力的、不固定的，但是它对美好伟大事物的喜爱弥补了它的缺点，它激发了艺术家、思想家以及诗人创作伟大作品的灵感，并将其呈现给世界"(168)。雅典人的错，尤其是伯里克利，之后是罗马人，在于不懂得将城邦开放给外邦人，"雅典人应该放弃其帝国或者其市政的自私主义"(Duruy,1887—1888,176)。维克多·迪吕伊承认"这一时期(伯里克利统治时期)雅典人民生活得美好"，同时也总结道："这一财富并没有持续很久。国家没有建立在一个广泛的基础上，帝国中的成员关系太紧张，由此带来一些伤害。对联盟城邦的税、强迫他们将一部分土地让给雅典作为殖民地以及必须将某些诉讼拿到雅典来,必须将某些商品带到比雷埃夫斯,这些构成了金融、司法和贸易上的三重奴役,导致了人民巨大的不满,我们之后看到这一不满在伯罗奔尼撒战争中爆发了出来"(Duruy,1887—1888,196)。

这样,碑铭学的认识并没有直接导向不主张自由的解释。历史书写的国家背景是寓意深远的。法国历史学家在他们的资产阶级以及殖民主义的共和国中看到了雅典帝国维护和法国殖民化类似模式的理由,法国殖民化也是统治性的。在他们看来,铭文没有谴责这种统治,相反,它强调危险使得人们思考一种替代模式,即未来以一种同化模式出现的改良版统治。对于德国历史学家来说,archè首先是一种统一模式,和他们正在经历或已经经历的统一相似。从这一观点来说,铭文资料只能是加强了这一看法,而且19世纪德国历史学也没有关注帝国主义和民主之间的矛盾。

英国历史学家的情况更复杂。格罗特虽然抵制,但最后还是将雅典法令写入公元前5世纪雅典的历史中,他希望在所有批评中保留伯里克利的公共经济和蛊惑人心的政客,在后者身上,他看到一个"新的政治阶层(……),投身于众多种类的贸易和手工制造业,他们开始和雅典古老的资产阶级家庭展开或多或少的竞争"(Grote,1864,293—294,被Lafargue[2009,51]所引)。毫无疑问,其个人的历史在这一评价中起到了重要作用。乔治·格罗特来自一个德国家庭,因此,他在维多利亚时期的英国是一个新人,他对其时代的政治经济表现出明显的兴趣,并结交了大卫·李嘉图(David Ricardo)。然而,局限于这一点上是错误的。英国的学术界反对那些基于文学考古资料来源工作的人,比如,碑铭学家(Momigliano,1983,244—293)。最后,这一对雅典帝国的看法和当时围绕着英国殖民化的政治争论有很紧密的关系,这些争论在公社内部进行,议员韦格(Whig)和麦考莱勋爵(Lord Macauley)都参与其中,后者在1833年7月10日发表了关于印度政府的重要讲话。

因此，美国历史学家强调铭文中雅典帝国专制的一面并不是什么令人吃惊的事，他们和英国历史学家对殖民的看法是不同的。我们只需看看古德温（Goodwin）1880 年在美国《哲学日报》第一期中对修昔底德关于 archè 内部公平的分析（1.77.1）。这篇文章没有重视碑铭学的贡献。只是在 4 年后，另一个历史学家莫里斯（C. D. Morris）在同一本杂志中引用了相关铭文来提出公元前 440—前 425 年间司法的中央集权，尤其是和夏勒斯相关的法令。然而，大概因为用的是同一种语言，他运用碑铭学以及德国学识的结果最终在英国占了上风，并且 1874 年通过大英博物馆出版了希腊铭文，其中包括克勒尼那斯（Cleinias）法令，这些都迫使人们不得不正视雅典的另一种现实。对铭文研究的特别兴趣在希克斯（E. L. Hicks.，《古希腊历史铭文》，1882）的格伦迪（G. Grundy）节选中得到肯定。修昔底德的伟大并不能让人们阅读其著作原文，它将历史学家带到伯里克利鼓励的、修昔底德读过的公共决定面前。

这些新的资料来源产生了一些史学效果，尤其是历史学家的研究出乎了人们的期待。画风一转，从此，我们需要解释雅典向暴政帝国的转变或者联盟城邦在公元前 440 年间对名单内部变动的不满。除此之外，一些新的观点出现了。这一对碑铭学的转向伴随有经济的转折（Liddel，2009，27—28）。除了康福德（F. Cornford）在伯罗奔尼撒战争中找到一些经济原因，并批评了修昔底德（Thucydides Mythistoricus，伦敦，1907）之外，格伦迪（《修昔底德和他同时代的历史》，牛津，1911）建议借助碑铭学的资料对雅典帝国主义进行经济分析：帕特农的经济以及联盟城邦民主的资助，古希腊殖民地的社会经济措施（和 Méthonée）谷物贸易的规章……这些都是以前的作者不会发声的方面，因为它们不能和这些作者的文学角度相融合。提洛岛联盟转变为雅典帝国源于伯里克利的意愿和算计，沃克（Walker）在他的《剑桥古代史》中确认了这一点,这一过程没有被雅典人忽略。然而,从经济角度出发和雅典帝国正面以及自由的观点并不冲突。如果罗伯特·伯勒(Robert Bonner)认为雅典帝国的建立是为了让雅典获得益处,那么比雷埃夫斯的交换集中以及民主的贡献更让这一统治为所有人都带来益处:"鉴于所提供的保护,较小的社区愿意接受商业限制,转而支持雅典(Bonner,1923,194)。"

这一在自由模式和专制模式之间频繁出现的犹豫倾向于中止《雅典贡品清单》的出版,并促成了一个关于 archè 的政治视野的出现(Kallet,2009,47—48,这一退缩有两个原因)。《雅典贡品清单》的出版商,美国的梅利特(Meritt)和麦克格高尔(MacGregor)以及英国的韦德-盖里(Wade-Gery)支持一种渐进的观点,从联盟到帝国的转变要求后者的持续增长。碑铭学构成了他们尝试的中心,但是他们强调整体的协调、文学以及碑铭材料互相证实。然而,在1939年的第一卷中,这些碑铭学家非常清楚地意识到这一举动的障碍,因为这两者的重建要求有众多的假设。一些片段只有几个字母,其中仅一个包含城邦执政官的名字。然而,在1949年和1950年的后两卷中,这些作者表达出更大的确信并且维护从联盟到帝国的转变,将其作为总的阐释。联盟从此基于一个碑铭的历史文献资料。然而,我们必须要调试梅格斯的历史和碑铭学,还有他在1972年出版的《雅典帝国》,才能保证这一模式大获成功。同一时间,从1961年开始,他很快就反驳了麦廷利(Harold Mattingly)的批评和论证,后者建议对公元前450—前440年开始的碑文年表进行整体的年代推移。

## 在碑铭学确定和不确定中的帝国

梅格斯用了三篇文章确定了书写公元前5世纪历史的方法,并将其演绎为编年史,用以建立雅典帝国。从第一篇文章的第一句话,他就给出了其论证的结构:"从公元前446年5月开始,提洛同盟转变为雅典帝国"(Meggis,1943,21)。自此,将雅典帝国主义放到公元前450年去理解是合适的,《雅典帝国的成长》(1943)以及《雅典帝国主义的危机》(1963)都有助于这一理解。这一历史分期足以让修昔底德的读者大吃一惊,后者强调纳克索斯岛的反抗,根本没有提财富的转移、使用盟军的财富来支持雅典卫城的工程,以及和波斯或者古希腊殖民地达成的和平。关于纳克索斯岛,梅格斯(1943,21)强调"后来的作家,尤其是普鲁塔克,为修昔底德精益求精的总结添加了一些细节和润色,但是将公元前5世纪的材料与后来的修辞分开并不容易。重建得益于大量的铭文,避免了贫乏,这些铭文有助于提供深度、光线和阴影"(Meggis,1963,1)。然而,即便是碑铭材料没有提一个字,他还是认为雅典针对纳克索斯所进行的战争中特征明显的进攻构成了一个中断。关于这一点,梅格斯(1943,21)讲得更清楚……雅典公元前465年精神状态的转变和激进民主人士的出现相呼应。随后,因为厄菲阿尔特(Ephialte)的改革、客蒙(Cimon)的陶片流放法以及这一激进的民主可能在伯罗奔尼撒实力集团所引起的担忧都加快了事件的发展。

如果说这场战争的影响不容忽视,还因为紧接着,我们就看到了远征埃及以及伯罗奔尼撒战争的爆发,它并没有在盟军中激起反抗运动。这一分析在梅格斯(1963)的作品中更为详尽。决定性事件是埃及的动乱,这与其转移财富的时间是一致的,这么做是想要保护埃及免受波斯有可能使出的诡计。是什么补充信息,或者更概括地说,碑铭学,给历史学家带来了贡品的清单? 据梅格斯所说,这些信息证实了在罗尼(Lonie)、开罗以及斯让(Sigée)地区亲波斯希腊人的存在,他尤其引用了和厄立特里亚(IG13,14),米勒(Milet)(IG13,21),斯让(IG13,17)相关的法令,除此之外,还有一些对开罗和一些小岛贡品清单的思考。这些反对波斯的行动的外交后果是很明显的。必须要和斯巴达维持和平,西门的呼吁就是这一判断的结果。一项对最初清单的研究,加上文学资料来源,很明确地给予碑铭学以优先权,让我们得出以下结论(Meiggs, 1943, 33)。最早的古希腊殖民地在公元前450年建立起来,这是对新近的不满以及之后因为塞浦路斯远征而和波斯协商初期所引起新的不满的回应。随后是和加利阿斯(Callias)达成的和平,梅格斯坚信其存在(Meggis, 1963, 10—14)。雅典帝国主义编年史自此建立起来。"帝国主义开始于公元前6世纪,但是在前5世纪时,其进程大大地加快,原因我们已经分析了,在这段时间,所有最重要的帝国基础都已经建立"(Meggis, 1943, 33)。民主被激励,驻军部队以及其他行政官员驻扎在不同城邦,一些殖民地被安置居民,雅典娜节成为一个皇家节日。

加利阿斯的和平提出了关于结盟城邦联盟持续性的问题,有些结盟城邦在这之前已经停止交付贡品。先是不交贡品的一年(公元前449/448年),随后是困难的一年(公元前448/447年),之后再是交贡品的一年(比如,米勒)和一个很长的清单。换句话说,拒绝支付是这一时期的特点,尤其是在达达尼尔海峡,这一点被公共死亡登记簿所证实。其他城邦的缺失证明了其反抗。克洛封(Colophon)在公元前449年之后、前446年之前支付贡品,梅格斯将其和一个法令(IG 13, 37)关联起来。铭文的语言缺少转变,和艾瑞德海相关的法令中的"联盟"让位给"雅典人控制的城邦"(IG12 27 和 28)。在出版了科斯(Cos)部分之后,梅格斯认为关于度量衡的法令也可能促成了雅典帝国主义突然的增长。"在埃及动乱和三十年和平之间的历史是雅典帝国主义危机。雅典需要面对埃及动乱的打击,还要面对它加强了对联盟城邦控制而产生的不满"(Meggis, 1963, 23)。伯里克利是巩固形势的人。"这些年里的伯里克利不是我们在修昔底德中见到的那个伯里克利。他那时年轻20岁,没那么谨慎,但更有野心,对要实现的帝国以及要完成的经济和社会政策有很清楚的想法。梅勒西亚斯(Melesias)之子主导的有组织的反对塑造了争论的论调,反映在重要法令的稳健和恫吓风格上。有趣的是,许多雅典文明最出色的成就都是在反对这样一个暴风雨的背景上建立的(Meiggs,1963,24)。梅格斯在1963年对伯里克利的强调比1943年更清楚,他在其文章中用一种更为概述的方式总结道:"他首先将自己的帝国归功于50年代的帝国主义者,这是雅典曾经产生的最有活力和最有弹性的一代(Meggis,1943,33)。"

就在正统观念建立的时候,一个优秀的反对者——麦廷利——出现了,他在1961年一篇接一篇地出版了三篇文章,在文中,麦廷利将这一出色的积累完全置于质疑中(Mattingly,1961a,b和c,参见Mattingly,1996)。一个盲点构成了梅格斯推论的局限,他用来推理而援引的大部分碑铭材料都没有精确的日期。对此,有一个简单的原因。执政官的名字大部分时候都没有记录在案,只有从公元前421年才开始固定地出现。换句话说,只有古文字学才能推进某一日程或者某一间隔。一个主要的标准就是sigma的形式。根据《雅典贡品清单》的正统观点,三横sigma在公元前445年之后就不再使用。由此,这构成了后期决定性的一个重点问题。为了质疑这一前提,麦廷利放弃了公元前440年的模式,并借助古文字学、句法、语法、考古学、钱币学将编年史推迟到公元前420年。1961年,麦廷利在《历史》(*Historia*)上发表的文章中指出,他研究的基础不再只是碑铭学。碑铭学被调动起来以服务一个更大的目标。他引用了一些更古老的关于度量衡法令的评论,并谨慎地在其论证中表明:"在公元前440年早期,法令对于伯里克利来说太激烈、野心太大了。它是帝国主义习惯长期证实的权力的工作方法,并进一步接受了阿兹达米亚战争严酷必要性的教训。他们凭直觉认为它很可能是合理的,但他们并没有用碑铭论据来充分支持它"(Mattingly,1961b,148)。两年之后,在回应梅格斯1943年的一篇文章中,麦廷利甚至还借用了梅格斯文章的题目"雅典帝国的成长",并明确提出:"也许最终修昔底德坚持区分伯里克利(Perikles)和克里奥(Kleo)的帝国态度是正确的。毫无疑问,从公元前443年开始,伯里克利故意将联盟变成一个帝国,并且他最终变得像任何一个现实主义者一样坚定。不过,他的政策总是包含外交上的技巧,他的继承人大部分都显然缺乏这种技巧"(Mattingly,1963,272)。将和埃吉斯特(Egest)的联盟推迟到公元前418年(IG 13,11),雅典帝国主义的西方层面就改变了意义。"正如阿里斯托芬和修昔底德所说,这和伯里克利的合理预设没什么关系,而是新一代政治家的痴迷,对雅典最终的堕落,他们无法被判无罪"(Mattingly,1963,273)。在众多作品中,马汀力都在继续他的任务并且达到了他想要的结论:"完全有组织的雅典帝国主义的铭文证据都没法在公元前431年之前找到。即使是十分体现帝国主义的语言都不常见,直到伯里克利占据优势地位的最后几年才出现"(Mattingly,1979,336)。

关于古文字学的争论持续并凝固。梅格斯因此明确了公元前5世纪雅典铭文日期的内外部标准(Meiggs,1966)。为了一个更完整的参考资料……他支持更早的日期年代,同时得出一个审慎的结论:

> 有人可能会说,如果字母形式被忽略,就可以在我们表格的一些铭文中,特别是在那些没有早期形式而只有三横的sigma的铭文中,找到公元前445年之后的一个更可能的日期。但是,不用刻板遵循碑铭标准,就可以为它们找到可接受的背景。公元前445至前430年间的铭文日期是如此明显,我们不可能将其忽略。直到在公元前445年之后的铭文中发现sigma、beta、rho或phi的早期形式,我们才需要继续给所有此前使用早期形式的铭文标注日期,除了圆形带尾巴的

rho(Meiggs,1966,97)。

这就是 1990 年时的局面,一篇新的关于雅典和埃吉斯特结盟文章的发表,其论证建立在远谈不上新的铭文上,但是人们用激光重新研究了这一铭文。执政官名字中的最后两个字母可以看见了,ON,这就让哈伯(Habron,公元前 458/457 年)、亚里逊(Aristion,公元前 421/420 年,但是因为一些历史原因没有保留下来)、安提丰(Antiphon,公元前 418/417 年)成为可能,另外两个字母,I?,也可看见,让人们对这一没有对象的铭文的日期产生争论。当然,所有碑铭学家和历史学家都没有立刻被说服。但是今天,这一解读似乎得到证实,质疑者也减少了。公元前 445 年之后很久,有一个铭文中包含着三横的 sigma。但是,罗德斯(Peter Rhodes)提醒道:"这不意味着在公元前 5 世纪所有的铭文中现在已有人提出一个更晚的日期,这个更晚的日期一定是正确的。只是这一日期得益于字母形式而不能被排除掉其可能性"(Rohodes,2008,503)。换句话说,书写另外一种雅典帝国的历史成为可能。

尼克拉斯·帕帕扎卡斯(Nikolaos Papazarkadas)致力于这一工作(Papazarkadas,2009)。他用了一个差别细微的方法……不用提及他全部的评论,但有两条需要着重指出。首先,一些帝国主义论调的资料抵制住了日期提前。尤其是关于卡尔基斯法令的情况(IG 13,40)(Papazarkadas,2009,74):"我们只能得出结论……然后,对安提丰的复原让人们能够用以下方式复原雅典的西方史。公元前 433/432 年,两支联盟形成了,一方面是雅典和利吉姆(Rhégion),另一方面是雅典和罗欧蒂尼(Léontinoi)(Meiggs& Lewis No. 63 和 64)。公元前 427 年夏,罗欧蒂尼的城邦以他们联盟的名义号召雅典人在针对叙拉古的战争中给予帮助(Thc. 3.86)。凭借拉切斯(Lachès)的智慧,20 支三层浆战船被送出。趁此机会,雅典与埃吉斯特结成了联盟。公元前

418/417年,互相交换誓言重新给联盟带来了价值。之所以在这一年,可能是因为当年举行了雅典娜节。雅典还和另外一个艾利姆斯(Elymes)城邦哈里斯艾(Halicyiai)结成了联盟(IG13,12)。"很显然,雅典人至少在他们公元前415年的大远征之前的3年就加强了和西西里城邦的联盟"(Papazarkadas,2009,75)。总的来说,将和帝国相关铭文的日期提前带来三个问题。第一个就是古文字学。为什么在伯罗奔尼撒战争期间出现了这样一个铭文的爆发式增长?第二个就是所带来的结果,关于"五十年"(Pentakontaetie)为什么出现了新的沉默?第三个在于重新提问archè的性质及其与帝国同化的可能。总之,质疑正统观念就要求我们放弃雅典帝国吗?

我们需要回到这一思考的出发点。雅典人,更概括地说,希腊人是如何看待这一统治的?有可能检验雅典对其他城邦统治的有效性吗?第一个回应的方式就是重视此后一个世纪中所出现的批评。亚里士多德(Aristotélès)的批评无疑是一个主要的来源。在这一雅典第二次海上同盟时期产生的文献中,历史学家看到雅典的联盟城邦不希望看到掠夺再发生。自由和自治、自主进行政策选择、不派驻军队和行政官、不用上贡,这是他们的要求。不管分析和记下的日期是什么,这些统治的元素都没有迟于公元前431年。其中一些元素像是提洛同盟所固有的。另外,这也是修昔底德提到战争原因时想要表达的,即官方的解释,意味着存在另外一个解释,即统治的意愿(Thc. 1. 96. 1)。那么,这就能总结出一个和提洛同盟样性同质的雅典帝国了吗?如果是,它对应一个有意识的计划吗?

在缺乏文献的情况下,我们很难回答这个问题。并且,需要对archè的定义达成一致,帝国概念和帝国主义概念会有意或无意地低估历史进程的性质,在计划向这两个概念寻求帮助之前,要学会用雅典的术语来提问。首先,archè对应在其他联盟城邦身上强加权力、限制甚至是取消它们的自治,也就是说,这一统治超越了提洛同盟条约中的义务。两个因素,一个是公元前478年之前,一个是之后,让人认为雅典人从一开始就希望对其他城邦实行最大的权力管制。希罗多德和普鲁塔克指出,在不久之后,萨拉米·地米斯托克利(SalamineThemistocle)海战就对众多小岛进行了洗劫。希罗多德证实雅典的战略家希望致富。也许,这就导致了雅典开始发动战争以收取赔偿金? 不管怎么说,这个问题值得被提出。第二个因素出现在修昔底德的见证中。他讲述了提洛同盟最初几年的情况,强调了纳克索斯岛的叛变和归顺,它是"违背原则的第一个被奴役的联盟城邦"(Thc. 1. 98. 4)。没有雅典的同意,任何脱离联邦的行为都是不可能的。因此,雅典没有遵守条约所规定的保证联盟城邦的选举权(eleutheria)和自治(Pebarthe, 2000)。这就导致雅典表现出其霸权的独裁概念。雅典独自决定了联盟的结局,谁可以脱离以及什么时候脱离联盟。这之前不久,雅典强制要求卡利斯托(Carystos)加入联盟,这意味着它同样可以决定谁能成为联盟成员。

在雅典和萨索斯(Thasos)之间的冲突揭示了雅典统治的另一面,经济方面就像凯勒(Kallet, 2009, 47)观察到的那样。修昔底德的见证实际上没有任何疑问(Thc. 1. 100. 2; Pebarthe, 1999)。公元前465年,塔森人(Thasien)面临着雅典觊觎其位于色雷斯海岸的贸易港口及其收入和矿藏的状况。除非忽略修昔底德的讲述,否则不可能和芬利一起断言"对于雅典来说,对伊戈(Egée)的控制是权力的工具"(Finley, 1984, 78)。我们因此可以谈论经济帝国主义,也就是说,雅典意图建立一个仅仅让雅典人获利的经济空间吗(Pebarthe, 2008a和2008b, 131—157)? 最近,考古学给出了一些答案要素(参见Osborne, 1999, 尤其是Erickson, 2005)。最近人们研究了两个案例,他们证实了雅典在贸易交换上控制的有效性。我们发现,在公元前460—前400年间,克里特岛的进口中断了。最有可能的假设就是对雅典 archè 所施行的政策的分析,它预测了雅典对伯罗奔尼撒实行的贸易禁令,这足以让伯罗奔尼撒/克里特岛/北非在 60 年间中断往来(关于其可能性,参见 Pebarthe,2000)。公元前 431 年,伯罗奔尼撒战争的爆发无疑标志着斯巴达和雅典之间交流的中断。

公元前 430 年间,布匿人区域的科林斯是在这一时期和雅典冲突的城邦,我们可以从其进口的中断得出另一个结论(Pebarthe,2008a,51—52)。公元前 435 年,克基拉岛和科林斯因艾比德玛(Epidemma)开战。两年之后,它要求加入提洛同盟。雅典很谨慎地同意仅仅达成一个防御联盟,这样就可以抵御科林斯,并且就像修昔底德所说的,"这个小岛对于雅典人来说,在海岸线上表现出通往意大利和西西里的有利局面"(Thc. 1. 44. 3)。然而,一场战争爆发了(公元前 433 年 9 月,Sybote)。科林斯赢得了胜利,但是雅典的船队结束了科林斯的猛攻。克基拉岛事件只能带来一个反驳,即质疑雅典的好意,并立刻对科林斯和西方之间的交易带来了影响。因此,之后,科林斯推动斯巴达人发动战争,如果他们得到的答复是否定的,那么他们便毫不犹豫地威胁斯巴达人进入 Archè(Thc. 1. 71. 4)。因此,archè 是一个统治区域,其经济属性不能被抹杀。

这一评判对度量衡法令提出了新的问题(64)。根据历史编纂学的不同视角,这一资料来源比其他铭文更多地集中了公元前 5 世纪雅典碑铭学专家遇到的所有问题。它由不同来源的部分组成,没有一个确切的日期,其内容持续成为争论的内容,比如,这一决定的历史日期。三个主要的年代学选择被保留下来。最古老的选择提出公元前 450 年末时关于加利亚斯(c. 449)的和平。其辩护者提及碑铭学论据(一个特别片段的字母形状,Cos)以及钱币历史的因素,比如,公元前 450 年之后,铸币(tetradrachmes)数量的增加。他们属于传统的历史编纂学,认为公元前 440 年对于雅典帝国主义的发展是关键阶段。这一时间对古币家也很重要,他们将其作为材料构建的起点(比如,参照 Starr,1970)。最新的钱币挖掘让他们放弃了这一时间(Kroll,2009)。在阿菲蒂斯(Aphytis)找到的最新碎片也是一样(参照 SEG51.55,但是和 Figueira[2006]所说的相反)。根据第二个选择,应该将这一文献的日期定在公元前 420 年,和克里尼亚斯(Cleinias)的法令在同一时间。这样,这一决定就成为了伯罗奔尼撒战争的结果。这一推迟时间的拥护者强调那些建立在字母形状之上的论证的脆弱,他们强调碎片上"鸟"的经过,阿里斯托芬在公元前 414 年上演的一部剧中似乎是在明确暗示克里克欧(Clearchos)法令。在这一剧目中,两个雅典人离开了雅典……

这两个选择都将法令理解为一种专制的帝国主义措施,用来抵制城邦自治,它们的区别在于,一个认为雅典帝国主义似乎是提洛同盟所固有的,另一个认为它是对战争局面的回应。芬利将这一决定和梅格瑞(Megariens)所做的决定进行比较。"雅典人认为他们有权驱除他们想驱逐的……钱币法令,不管其日期是什么,都是这样一个声明。这些措施都是专制政策的表现(Machtpolitik),而并非按其字面意思是一个贸易政策的表现(Handelspolitik)"(Finley,1984,81)。乔治·勒·瑞德(George le Rider)也这样认为,并且更概括地分析了克里克欧法令,他认为铸造钱币时刻上名字的唯一好处就是发行国从中实现的利润(Le Rider,2001,239—266)。

托马·马丁(Thomas Martin)支持对这一法令的另一种解读(Martin,1985,196—208)。对他来说,这一决定是为了让交换以及 archès 的运转更容易。因此,将一个政治历史日期和一个经济政策相结合是无用的(Martin,1985,198)。他指出法令不只涉及钱币,还有重量和度量。我们可以将其作为城邦独立的标志吗?这一看法似乎不太正确,法令和钱币结合在一起是为了方便交换。

## 第十篇 雅典帝国和其他帝国一样吗？

"所以认为雅典人希望改进帝国收入的进项并方便谷物交易规章是合情合理的，这对需要进口食物的雅典人来说太重要了"（73，Martin，1985，206）。

最近，托马·菲格拉（Thomas Figueira）著书专门探讨了这一问题，他提议对这个文献进行新的解读，并认为雅典人虽然满足于强加雅典的度量衡，但同时也没有禁止当地度量衡的使用（Figueira，1998）。他延续了马丁的推理，坚持认为在这一法令中出现了重量。一个新的碎片似乎否定了这一提议，创建通用的钱币或没有通用的钱币，都没有因此获得全部研究者的赞同（参见 n.68）。不管怎样，他的许多见解都非常中肯。对文献的解读由此也应该考虑到对度量衡的禁止，而不仅仅是禁止钱币。这三者的结合促成了一个贸易可能。这样，克里克欧法令表达出在帝国内部参与贸易的意愿。在什么时候，出于什么原因，雅典人能够做这样一个决定？要知道它从来没有在我们的资料中被引用为帝国主义措施，比如，和贡金相反。

上面提及到的不同因素让人认为决定是专制的，但它并不是这样被感知的。除此之外，它的实际执行并没有持续几十年。这一点促使人们提出一个公元前 420 之后的日期（76）。在数十年间，麦廷利一直认为这是在公元前 425/424 年，这也是丽莎·卡勒（Lisa Kallet）在其著作《钱》和《修昔底德时期权力的腐蚀》中所做的。在《西西里远征以及后果》（kallet，2001，尤其是第 205—225 页）中，她将克里克欧法令和修昔底德提及的公元前 441—前 413 年间的一个重要变化结合在一起："就是在这一时期，他们将进贡替代为对海上交易的征税，他们还想扩大其进项：因为花费已经不再是以前那样了，因为战争时间的增长使花费增加，另一方面是因为收入的枯竭"（Thc.7.28.4）。这一决定没有持续太久，进贡在公元前 410 年时又重新开始了。然而，这一点遭到极大的质疑。如果我们只考虑实践方面，在一个由不同城邦组成的帝国里，每个城邦拥有自己的度量衡,这一替换似乎是不可能的。因此,商品价值的衡量以及计量学系统的问题被提出了。另外,税可以用外邦钱币支付,但其实设想的是将它们融化重新铸成雅典钱币。克里克欧法令似乎是一个不可缺少的先决条件,从而构成上述情况产生的背景。在这一背景下,阿里斯托芬在《鸟》中提到了实行当时的钱币政策的决定。这一决定并没有体现雅典的帝国主义,而是在 archè 内部交易的融入程度,这一因素和 archè 的帝国主义性质没有关系。

在这一经济层面之外,一个过渡尤其揭露了雅典帝国主义计划的现实。就是亚西比德(Alicibiade)在斯巴达人面前的讲话。他提醒他们雅典人对西西里进行远征的原因。

> 如果可以的话,我们首先出发去往西西里,是为了征服西西里人,然后是意大利人;再然后,试着讨伐迦太基帝国和迦太基。不管这个计划是完全成功,或是部分成功,我们都袭击了伯罗奔尼撒,先是集合了在那边集中起来的所有希腊力量,然后我们接纳了很多野蛮人,古伊比利亚人以及其他野蛮人,其中有那里最尚武的野蛮人,最后,多亏意大利丰富的林木资源,我们建造了很多三层桨战船。我们从各个方面围攻了伯罗奔尼撒,同时步兵队伍在地面上形成进攻,我们夺取他们有实力的城市,或者树立防御工事:因此,我们希望在战争中轻松地消减他们,然后将我们的指挥扩展到希腊全境。至于推动这些计划执行的钱和物资,我们抵达的那些地方可以给我们提供充足的补给而不用触及希腊的收入(Thc. 6.90.2—4)。

我们看到,修昔底德为了让人们对亚西比德失去信任,给他配置了一些夸张的话语。然而,相反,至少有两个因素让人觉得必须要认真对待苏格拉底门徒的这些断言。首先,雅典希望扩展其权威的意愿自公元前 478 年或差不多那个时候就很明显了。另外,这是修昔底德将 Archè 和一个具体实践联系起来的开始,就是雅典人针对纳克索斯展开的战争(c. 470),"违反规则征服的第一个联盟城邦"(Thc. 1. 98. 4)。紧跟这一行动的就是在随后征服了埃翁(Eion)、斯基罗斯(Skyros)以及卡利斯塔(强行将其加入联盟)。纳克索斯的叛变导致这一行动成为一种革新,因为它否定了给予它的自治。如果雅典人不尊重自治,它就会走出军事联盟(symmachia)的逻辑,而进入 archè 的逻辑。只要有机会,这一逻辑就会增强。几年之后,和萨索斯的冲突让联盟只存在于雅典的利益中,雅典的愿望被强加给所有人,如有需要的话,还会通过武力实现。这样,如果修昔底德让人去设想一个进展,这一进展太短,以至于它被认为是军事联盟(symmachia)原有属性所固有的,至少在雅典人的想法里是这样。

  随后,需要用修昔底德的观点来理解西西里远征。修昔底德选择不关注公元前 5 世纪前三分之二时间里的雅典西进计划,公元前 415 年的远征似乎是一个惊喜。因此,想要重建远征之前针对西西里的野心的历史年代表并不容易。这一历史可以让人更好地理解这一大的军事作战。缺少记载这方面内容的古代作家让人更加遗憾(见 Corcella,2007)。如果我们坚持修昔底德的见证,相对于在伊戈、小亚细亚、地中海东岸的行动,乍一看,这些西进行动似乎是边缘化的,然而,在克基拉岛事件之前,好几个因素都会让我们认为地中海西岸其实是雅典人的关心所在。我们可以引用地米斯托克利的情况(Davies,2007,73—74)。希罗多德对希腊船队斯巴达首领尤里比亚德(Eurybiade)所做的见证证实,如果他拒绝在萨拉米(Salamine)战斗,是因为"我们会很快失去我们的家庭、财产,我们将去往意大利的西里斯(Siris),很久以来,它就属于我们,根据神谕,我们要在那里建立一个殖民地"(8.62)。轶事的真实性或许不确定。然而,很有趣的是,我们看到,地米斯托克利给他的两个女儿起名为意大利亚(Italia)和斯巴瑞斯(Sybaris)(Plut. Them. 32.2),而且他在科林斯和克基拉岛关于莱夫卡斯(Leucas)的冲突中是裁判,因为这件事,他被认为是克基拉岛的恩人(Thc. 1.136.1 和 Plut. Them. 24.1)。

然而,这一例子不足以定义伯罗奔尼撒战争爆发之前雅典的西进行动。最近,约翰科戴维(John K. Davie)提议解构"西欧(Occident)"这个词,用三个地理表达来取代它,近欧(科林斯湾,希腊大陆的西北),中欧(意大利半岛东海岸亚得里亚海)以及远欧(西西里和利基翁[Rhegion],以及第勒尼安海)(Davies,2007)。雅典在西欧的兴趣只涉及近欧。换句话说,雅典在科林斯湾进行的军事冒险只是针对科林斯行动的反击。因此,在公元前460年初,雅典人包围了科林斯:出现在湾区,占领比奥提(Beotie)和梅哥瑞德(Megaride),在萨罗尼克湾加强了其地位。因此,可以肯定的就是,雅典人需要重视科林斯和它的实力。

到目前为止,局限于此来解释雅典对西欧的兴趣是不可能的。一个明显的证据就是图里欧(Thourioi)的建立(公元前446/445年,或公元前444/443年)(Pebarthe2009,375—376)。这一计划由锡巴里斯(Sybarites)号召,这个地方刚刚遭到克雷托内(Crotone)在公元前448/447年的第二次摧毁(DS11.90.2)。克雷托内寻求帮助来重建这座城市。人们在公元前445—前444年间准备远征,大概是在锡里巴斯建立殖民地遭到失败,人们加快了远征的步伐(我们追随 Ehrenberg 至1948)。最后,到公元前444/443年,图里欧被建立。这一远征的泛希腊主义特点只涉及这最后一次的建立,就像对图里欧10个部落的研究所展现出来的那样。蒂奥多尔(Diodore)对其进行了描述并将其分为四组,一组是伯罗奔尼撒的(阿尔卡斯[Arkas]、阿凯斯[Achais],以及埃莱亚[Eleia]),一组多利安的(皮奥夏[Boiotia]、安菲克尼斯[Amphiktyonis]，以及多里斯[Doris])，第三组由不同籍贯的移民组成(伊阿斯[Ias]、尤伯斯[Euboiis]，以及奈希提斯[Nesiotis])(DS 12.11.3)。雅典人被分在一个完全独立的部落(Athénais)(Ehrenberg 1948，158，n.33)。这一特殊性突出了雅典人在殖民地建立上的统治地位，因为他们的部落补充了雅典联盟城邦的最后三个组成部分。公元前434/433年，雅典人可以合法地对图里欧的行为作出要求，因为移民的数量占多数(相对多数)(DS12.35.1s)。公元前414年，雅典的拥护者继续存在，他们因此远没有忽略中欧和远欧。

尽管有修昔底德的见证，公元前431年战争爆发之后，雅典人将目光转向了西西里岛，这是很明显的。公元前427年，雷奥蒂尼(Léontinoi)及其联盟城邦派了一个使节前往雅典，请求雅典介入他们和叙拉古的军事冲突。他们提到了他们过去和雅典结成的联盟以及他们共同的爱奥尼亚人身份。修昔底德指出，答复是积极的，但是船队的派出带有其他目的。"因此，雅典人在亲属关系的掩盖下……派出了一些船只，实际上是他们不希望伯罗奔尼撒收到那边的小麦，并且他们想借此做一个实验看回头能不能将同样的局面在西西里岛重演"(3.86.4)。提到这个实验，修昔底德邀请他的读者将公元前427年的这一远征和公元前415年的大远征联系起来。当他批评第一次远征的战略家所遭到的待遇时会回到这一点，雅典人批评这些战略家接受和西西里岛的希腊人协商达成和平，他们将其中的两人流放，并处罚了第三人："他们的目的不是征服西西里岛人，他们本可以这么做，但是他们让西西里岛人付钱才能离开。因为有了这样一笔财富，雅典人希望不再遇到困难：他们希望在任何情况下都取得成功，不管这一举动是有可能的，还是因为太过而很难，不管他们拥有的预算是多还是少；错误就是在这么多情况中，他们经历的各种没有预期的胜利让他们保有希望"(4.65.3—4)。历史学家没有言明，但是他们对民主持否定态度，尤其是议会关于外界政策所做的决定，他在第六本书的开头写道：

"这个冬天,在雅典,我们希望投入比拉凯斯(Lachès)和尤里梅顿(Eurymédon)(公元前 427 年)更多的物资去往西西里岛,可能的话,为了将其征服。大部分雅典人对这个岛以及岛上有多少希腊或野蛮居民并没有概念。他们也没有意识到将会在内部掀起一场和伯罗奔尼撒战争规模相当的内战"(6.1.1)。

关于事实的这一观点,或者说,这一分析,在史学中留下了痕迹,史学家们会将其纳入自己的考虑(Missiou,2007)。爱德华·威尔很清楚地表明了这一观点:"修昔底德被牵扯进雅典机构的失败,它们缺乏自主和负责任的行政机关,将决定依附于个人或团体的影响。争论的对象超出了许多人的理解,意见根据一些不确定的标准而被分裂,并给激情留了机会。最后,没有国家领导人在那里将他的意见强加给人民,这样,我们就将城邦命运的决定权交给了一些难以估量的不可预计的事。面对亚西比德,伯里克利大概像尼斯阿斯(Nicias)一样推理,但尼斯阿斯缺少伯里克利的权威"(Will,1989,350)。就像安娜·密苏(Anna Missiou)指出的,历史学家不能局限于人民的情绪以及演说家的意愿(Missiou,2007,100)。

这位历史学家提醒说,西西里岛和希腊大陆之间的文化交流是存在的。西蒙尼德(Simonide),巴西里德(Bacchylide),品达(Pindare)或者埃斯库罗斯(Eschyle)都有去过西西里岛。品达献给阿克阿日(Akrage)的戴伦(Théron)的第二首奥林匹克颂歌的观众或读者都会对西西里的财富非常熟悉。埃斯库罗斯的情况更有趣。我们认为他在西西里岛有过两次停留,一次是公元前 472 年春至前 467 年春,另一次是公元前 458 年至前 456/455 年,这是他在杰拉(Gela)去世的日子。有学者认为他的作品包含了一些西西里岛的信息。需要指出的是,除了伯里克利在公元前 472 年为波斯所组织的合唱队之外,还有许多埃斯库罗斯和他的讨论,他的作品被很多公众观看。甚至在他死后,这一悲剧诗人仍然被认出,就像阿里斯托芬暗喻里表现的那样。更重要的是雅典和西西里之间的交流。公元前 550 年开始,不断增多的瓷器证明了西西里岛人与雅典人接触日益频繁,西西里岛人去往比雷埃夫斯,这其中还有很多中间人。总之,雅典人拥有了有关西西里岛地理、优良港口、重要城邦、叙拉古是人口众多的富有城市且其丰富的林木资源对舰队来说很重要等最低限度的知识。因此,和修昔底德想说的相反,对西西里岛的第二次远征(公元前 415—前 413 年)不是因为兴奋的雅典无知年轻人受到亚西比德操纵而进行的轻率冒险。

总之,提洛同盟历史所经历的碑铭学进展,它所引发的年代学变更的现实规模还没有确定,这些不能让我们否认雅典 archè 中固有的帝国维度。可能不是所有的现代人都意识到从公元前 478 年(或前 460 年)开始,雅典就将其统治扩展至全希腊。爱奥尼亚元素带来的影响也是不容忽视的。然而,在雅典帝国主义的经济特点方面还需要加上泛希腊主义的出现,这促使雅典人去扩大他们的 archè,并且不预先设立界限。修昔底德维护的转变还有其他目的,希望说服现代和未来的读者,如果说这一转变实现了,那么从联盟存在的初期开始,它其实就是古老的。这样做是在为伯里克利辩解,伯里克利不停地提醒雅典人是从他们的祖先那里继承的帝国(《修昔底德作为伯里克利的辩护者》,参见 Pébart)。从此,战略家不再被描述为帝国主义者,而是成为了保守分子。历史学家求助于对帝国和帝国主义概念控制使用的时代错误,他有方法展示雅典帝国主义计划很可能没有迟于公元前 478 年。因为历史在成为源头研究之前是一种提问,所以他观察到了碑铭学的革命并不能成为史学的革命。

## 图书在版编目(CIP)数据

雅典的民主、僭政与帝国主义/阮炜编;何世健,王蕾译.--上海:华东师范大学出版社,2022

ISBN 978-7-5760-3300-7

Ⅰ.①雅… Ⅱ.①阮… ②何… ③王… Ⅲ.①政治制度史—研究—古希腊 Ⅳ.①D754.59

中国版本图书馆 CIP 数据核字(2022)第 186625 号

华东师范大学出版社六点分社
企划人 倪为国

# 雅典的民主、僭政与帝国主义

编　　者　阮　炜
译　　者　何世健　王　蕾
责任编辑　徐海晴
责任校对　王　旭
封面设计　卢晓红
出版发行　华东师范大学出版社
社　　址　上海市中山北路3663号　邮编　200062
网　　址　www.ecnupress.com.cn
电　　话　021-60821666　行政传真　021-62572105
客服电话　021-62865537
门市(邮购)电话　021-62869887
地　　址　上海市中山北路3663号华东师范大学校内先锋路口
网　　店　http://hdsdcbs.tmall.com
印 刷 者　上海盛隆印务有限公司
开　　本　890×1240　1/32
印　　张　6.75
字　　数　150千字
版　　次　2022年11月第1版
印　　次　2022年11月第1次
书　　号　ISBN 978-7-5760-3300-7
定　　价　58.00元
出 版 人　王　焰

(如发现本版图书有印订质量问题,请寄回本社客服中心调换或电话021-62865537联系)